MADRID

von
Heide Marie Geiss

D1700819

compact verlag

Madrid – moderne, lebendige Drei-Millionen-Metropole! Die spanische Hauptstadt versetzt mit viel Flair ihre Besucher in das **goldene Zeitalter der Literaten** als Don Quijote und Sancho Pansa gemeinsam gegen Windmühlen kämpften. Mit einem kräftigen „Olé" holt sie aber jeden Gast auch wieder in die Wirklichkeit der **Stierkampfarena** zurück.

Gegensätze wie diese haben die Stadt geprägt. Madrid de los Austrias, der vom Habsburger Philipp II. erbaute Stadtteil bietet ein Barockes Erscheinungsbild und geschichtsträchtige Plätze wie **Palacio Real**, **Plaza Mayor** und **Puerta de Toledo**. Dem stehen das noble Wohnviertel **Salamanca** und der Stadtteil **Moncloa** mit seinem Universitätsgelände und dem Naherholungsgebiet entgegen.

Beliebtes Ausflugsziel ist das **Kulturzentrum**, in dem ein „echter Dalí" zu bewundern ist. Kunst, Kultur, kulinarische Genüsse – Madrid hat für jeden Geschmack etwas zu bieten. Um die große **Vielfalt dieser Stadt** richtig auskosten zu können, sollte man sich Zeit nehmen. Aber auch ein Kurztrip kann schon wunderbare Eindrücke dieser Metropole vermitteln. Madrid ist eine Entdeckungsreise wert.

Die COLIBRI Systematik

COLIBRI Reiseführer sind in Kapitel eingeteilt, die aus der Übersichtskarte in der vorderen Umschlagklappe zu erkennen sind. Das COLIBRI Farbleitsystem ordnet jedem Kapitel eine Farbe zu. Dies erleichtert nach einem Blick in die Übersichtskarte das rasche Auffinden im Buch, denn die Kapitelbalken tragen dieselbe Farbe. Jedem Kapitel geht seine Detailkarte mit allen wichtigen Sehenswürdigkeiten und COLIBRI Geheimtipps voraus. Die Sehenswürdigkeiten innerhalb der Kapitel sind in alphabetischer Reihenfolge angeordnet, nummeriert und als Punkte in den Detailkarten eingezeichnet. Durch die Einteilung in die Kategorien „Kunst und Kultur" (blau), „Sehenswürdigkeit" (grün) und „Erlebnis" (rot) kann sich jeder Benutzer Rundgänge bzw. Rundfahrten nach individuellen Vorlieben leicht selbst zusammenstellen. Zudem sind zwei Rundfahrten zu den jeweils interessantesten Sehenswürdigkeiten in die Karten eingetragen und im Text mit einem Sternchen (★) gekennzeichnet.

Im Anschluss an die Stichworttexte sind Tippadressen genannt, die sich in unmittelbarer Nähe befinden. Die Tipps für „Essen und Trinken", „Nightlife", „Szene-Treffs", „Shopping", „Lifestyle" und „Kultur" lassen sich durch die Symbole leicht identifizieren. COLIBRI Geheimtipps im gelben Kasten sind besonders originelle Hinweise von Einheimischen.

Den Anhang bilden Kurzinformationen zur Geschichte, praktische Tipps und das Stichwortverzeichnis.

Inhalt

Symbole

 Information

 Essen und Trinken

Nightlife

Szene-Treffs

 Shopping

Lifestyle

 Kultur

★ Rundgang

 Colibri Geheimtipp

Kunst und Kultur

❶ Capilla del Obispo C 4

❷ Catedral de Nuestra Señora de la Almuneda B 3

❸ Iglesia de Santiago B 4

❿ San Andrés C/D 4

⓫ San Francisco el Grande D 3

⓬ San Ginés B 5

⓭ San Isidro el Real C 5

⓮ San Miguel C 4

⓯ San Petro el Viejo C 4

Sehenswürdigkeit

❺ Palacio Real B 3

❽ Puente de Segovia C 1

❾ Puerta de Toledo E 4

⓰ Teatro de la Opera B 4

⓱ Viaducto B 3

Erlebnis

❹ Mercado de San Miguel B/C 4

❻ Plaza de la Villa B/C 4

❼ Plaza Mayor B/C 5

— Vorschlag für einen Rundgang zu den interessantesten Sehenswürdigkeiten

Madrid de los Austrias

Der eindrucksvolle königliche Palast

Einen ersten Eindruck vom pulsierenden Leben der Drei-Millionen-Metropole Madrid erhält man bei einem Rundgang durch das Zentrum, das sich in das **Madrid de Los Austrias**, das „Madrid der Habsburger" und das **Madrid de los Borbones**, das „Madrid der Bourbonen" gliedert. Die Namen der beiden Viertel gehen auf die aufeinander folgenden Regierungsperioden der Habsburger und der Bourbonen zurück. Enge, dicht verlaufende Straßenzüge sind charakteristisch für das Bild des Zentrums.

„Madrid de los Austrias" erstreckt sich vom **Palacio Real** über die **Plaza Mayor** bis zur **Puerta de Toledo** im südlichen Zentrum. Paläste, Kirchen,

Klöster und Brücken dieses Viertels wurden während der Regierungszeit **Königs Philipps II.** aus dem Hause der **Habsburger** errichtet. Philipp II. hatte Madrid im Jahre 1561 zur Hauptstadt des Königreiches ernannt, da es zentral im Landesinneren liegt. Aufgrund der vielen Menschen, die im Dienste des Königs standen, und die nun nach Madrid zogen, musste die Stadtmauer alsbald erweitert werden. Der Handel und das städtische Treiben verlagerten sich auf die **Plaza Mayor**, wo die Zünfte ansässig waren. Ein neues Theater, das **Corral de la Cruz** wurde errichtet, das schon bald neben dem **Teatro del Princípe** zu den berühmtesten der Stadt gehörte. Vor allem der Baumeister **Juan de**

Herrera prägte das städtebauliche Bild vom „Madrid de los Austrias". Er erbaute unter anderem die **Puente de Segovia**, den **Escorial** und die **Plaza Mayor**. In diesem Viertel lebte ein Großteil der Literaten aus dem „goldenen Zeitalter" der spanischen Literatur. Hier wurde die erste Ausgabe des **„Don Quijote de la Mancha"** von Cervantes gedruckt. Wer mit offenen Augen durch die verwinkelten Gassen geht, stößt auf Schritt und Tritt auf Gedenktafeln, die an längst verstorbene Künstler, Schriftsteller und Intellektuelle erinnern.

Die vielen Cafés, Bars und Kneipen des Viertels, die zum Teil zu den ältesten Madrids zählen, bieten typisch madrilenische

Küche und Atmosphäre – bei **tapas** (Häppchen), **cerveza** (Bier) oder einer **copita** (Drink). Hier hat der Besucher die beste Gelegenheit, einen Einblick in die spanische Mentalität zu bekommen.

★ Capilla del Obispo 1

Kapelle des Bischofs

ℹ️ Plaza de la Paja 9, in unmittelbarer Nähe der Iglesia San Andrés, vormittags geöffnet, Telefon 265 48 71, U-Bahnhof La Latina, Metro 5.

An der **Plaza de la Paja** liegt der Eingang zur **Capilla del Obispo**, die im 16. Jahrhundert als Kapelle der **Kirche San Andrés** gebaut wurde. Der Sohn des Gründers **Francisco de Vargas**, Bischof **Gutierrez de Carvajal y Vargas**, verwandelte sie in die Grabstätte für seine Eltern und gab bei **Francisco Giralte** den Aufsatz des Hauptaltars in Auftrag, der zusammen mit den drei Grabstätten ein wichtiges Zeugnis der Bildhauerkunst der **kastilischen Renaissance** darstellt.

★ Catedral de Nuestra Señora de la Almudena 2

Kathedrale unserer lieben Frau von Almudena

ℹ️ Plaza de la Armería, in der Nähe des Palacio Real, U-Bahnhof

COLIBRI GEHEIMTIPP
El Rastro Flohmarkt, U-Bahnhof: La Latina, Metro 5. Der bekannteste Flohmarkt ist der El Rastro. Er findet an Samstagen und Sonntagen zwischen der Plaza de Cascorro, dem Stadtviertel La Latina und der Straße Embajadores statt. Man kann die verschiedensten Dinge kaufen, von wertvollen Antiquitäten bis zu gebrauchter Kleidung oder altem Schuhwerk über Bücher, Schallplatten, Sammelbilder, lebende Tiere, Originalgemälde usw. Auf diesem Markt versammeln sich Leute aller Schattierungen, die die Gelegenheit suchen, etwas zu kaufen oder zu verkaufen oder nur als Schaulustige die unendliche Palette aller möglichen Gegenstände in den Geschäften oder unter freiem Himmel zu betrachten. La Ribera de Curtidores ist die Straße, die dem Rastro sein Gepräge und seine Funktionsmöglichkeit gibt und wo sich die Türen der Galerien angesehenster Antiquitätengeschäfte öffnen. Rundherum ist das Angebot alter und neuer Produkte in anderen Straßen und Plätzen erweitert worden. So findet man in der San Gayetano Str. Gemälde, in der Fray Ceferino González Str. Vögel und auf den Plätzen Vara del Rey und El Campillo und den anliegenden Straßen die größte Auswahl alter und antiker Gegenstände. (B3)

Opera, Metro 2 und Metro 5. Täglich geöffnet von 10-14 u. 18-20.30 Uhr.

Gegenüber dem Königspalast steht die neue Kathedrale Madrids, die nicht fertig gestellt ist. Um 1883 begann man auf Geheiß des **Marquis de Cubas**, diese Kirche zu erbauen. Die **klassizistische Fassade** der Kathedrale, von der er nur die

Die Kathedrale Unserer Lieben Frau von Almudena

Ein Fischstand auf dem Markt

neuromanische Krypta fertig stellen konnte, wurde an der Seite des **Palacio Real** 1960 vollendet. Die Hauptfassade unterscheidet sich deutlich von den ursprünglichen Entwürfen des Marquis, die im Laufe der Zeit immer wieder abgeändert wurden und so die endgültige Fertigstellung verhinderten.

Die Kirche ist der **Virgen de la Almudena** geweiht, Madrids Stadtpatronin, deren Verehrung auf eine Legende als längst vergangenen Zeiten zurückgeht. Das Bildnis der Mutter Gottes soll von den christlichen Einwohnern während der arabischen Besatzung in einem Mauerstück (arab. Almudaina) oder in einer Getreidekammer (arab. Almudit) versteckt worden sein. Als **Alfons VI.** die Stadt zurückeroberte, kam es auf unerklärliche Weise wieder zum Vorschein. Man hört aber auch die Version, dass den christlichen Eroberern im 11. Jahrhundert zur Ermutigung die Muttergottes erschienen sein soll. Den Namen Almudena tragen viele Mädchen und Frauen in Spanien.

Der sonntägliche Rastro ist der berühmteste und interessanteste Flohmarkt Madrids und einer der größten Europas. Er erstreckt sich zwischen der **Plaza de Cascorro** und der **Ronda de Toledo**. Schon im 16. Jahrhundert wurden um den Schlachthof, der sich damals dort befand, Marktstände aufgebaut. Aus dieser Zeit stammt auch der Name des heutigen Flohmarkts: Rastro ist die alte spanische Bezeichnung für die Spur, die frisch geschlachtete Tiere hinter sich herziehen.

Während im 19. Jahrhundert Altkleider- und Altwarenhändler auf dem Markt anzutreffen waren, findet man heutzutage beinahe alles: Möbel, Schmuck, Kleidung, Bücher etc. Man sollte allein wegen des lustigen Treibens einen Sonntagvormittag dort verbringen, mit etwas Hartnäckigkeit ergattert man sicherlich das eine oder andere schöne Stück. Ein bunt gemischtes Publikum ist dort anzutreffen. Man sollte auch auf die offenen Läden links und rechts der Straßen achten und ab und zu einen Blick in die alten Hinterhöfe werfen.

★ **Iglesia de Santiago**   **3**

Kirche des hl. Jakob

ℹ Plaza de Santiago 24, zwischen der Plaza Mayor und der Plaza de Oriente gelegen, täglich 8-13.30 Uhr, Telefon 248 08 24, U-Bahnhof Opera, Metro 2 und Metro 5.

Die kleine Kirche wurde 1811 von **Juan Antonio Cuervo** errichtet und ist

Reiterstatue Philipps III. auf der Plaza Mayor

Madrid de los Austrias

Santiago Matamoros, dem Maurentöter, geweiht. Der Grundriss hat die Form eines griechischen Kreuzes und trägt maurische Züge, das Zentrum wird von einer gewölbten Kuppel überspannt. Im Gotteshaus werden einige bemerkenswerte Kunstwerke aufbewahrt. Besonderes Kleinod ist das Gemälde, das den heiligen Jakob Matamoros darstellt und als eines der Meisterwerke **Francisco Rizzis** gilt. Auch die Bilder des „San Francisco" und des „Engel" von **Alonso Cano** sind sehenswert.

Mercado de San Miguel   4

Markt des hl. Michael

ℹ️ Plaza de San Miguel, direkt an der Calle de Mayor gelegen, täglich 8-14 Uhr, So geschlossen, U-Bahnhof Puerta del Sol, Buslinien 3, M 1, M 4.

Der Name geht auf die ehemalige Kirche **San Miguel de los Octoes** zurück, die bis zum Anfang des 19. Jahrhunderts an dieser Stelle gestanden hatte und dann abgerissen wurde. Unter freiem Himmel baute man einen Markt auf, der später in der heutigen Markthalle abgehalten wurde.

Das schmiedeeiserne Gebäude beherbergt einen der **ältesten Märkte** Madrids. Schlanke Eisensäulen, die später durch Glasscheiben miteinander verbunden wurden, säumen den Eingang der Markthalle. Der Markt ist nicht nur Verkaufsplatz für Obst, Fleisch, Fisch und Gemüse, sondern ein Ort der Zusammenkunft für Madrilenen und Touristen. Die Madrider Bevölkerung findet sich hier ein, um einzukaufen, mit den Händlern ein nettes Gespräch anzufangen oder einfach nur umherzustreifen und das rege Treiben zu beobachten.

Palacio Real   5

Königlicher Palast

ℹ️ Bailén, s/n, im Westen des Zentrums gelegen, Öffnungszeiten : Mo bis Sa von 9-18 Uhr geöffnet, So und Feiertags von 9-15 Uhr geöffnet. Mi und bei offiziellen

---

COLIBRI GEHEIMTIPP In der **Cuesta de la Vega**, direkt an der Calle de Mayor gelegen, stehen noch Reste der **mittelalterlichen Mauer** (Murallas Arabes). Von der Stadtmauer aus dem 12. Jahrhundert ist bis zum heutigen Tag noch recht wenig freigelegt worden, denn im Zuge der Erweiterung der Stadt blieben sie unter den Gebäuden verborgen oder dienten als Baumaterial. 1953 wurde der gesamte Mauerbezirk zum Nationaldenkmal erklärt. (B/C4)

Der Palacio Real

Das Rathaus auf der Plaza de la Villa

Anlässen geschlossen. Tel. (91) 5 42 00 59, (91) 5 47 53 50, U-Bahnhof Opera, Metro 2 und 5.

Am Stil des Pariser Louvre orientiert, stellt der Palacio Real einen der kulturellen Höhepunkte von **Madrid de los Austrias** dar. Seine Entstehung geht allerdings auf ein weniger erfreuliches Ereignis zurück: Der Palast brannte im Jahre 1734 zum größten Teil nieder. So wurde die heutige Residenz in der Zeit von 1735 bis 1764 im Auftrag König **Philipps V.** errichtet. Seit 1950 sind etwa 50 Hauptsäle der 2000 Räume des Schlosses der Öffentlichkeit zugänglich.

Sehenswert sind die **Deckenfresken im Thronsaal**, die **Gemälde-** **sammlung**, die ehemalige **Königliche Apotheke**, die **Königliche Waffensammlung** (Armeria) und die **Uhrensammlung** mit besonders wertvollen Stücken aus aller Welt. Vor al-

lem die luxuriös ausgestatteten **Privaträume König Karls III.** bieten einen Einblick in den Alltag bei „Königs". Führungen vormittags und nachmittags in **spanischer**, **englischer** und **deutscher** Sprache. Die Parkanlage wurde von dem italienischen Architekten **Sabatini** angelegt und trägt daher auch den Namen **Jardines de Sabatini**.

Ein Abstecher in den **Campo del Moro**, westlich des Palacio Real, ist ebenfalls lohnenswert. Dort befindet sich das Kutschenmuseum, in dem königliche Droschken des 18. und 19. Jahrhunderts ausgestellt sind (täglich 10-13.45 Uhr, Eingang am Paseo de la Virgen del Puerto).

★ Plaza de la Villa   6

Rathausplatz

ℹ️ Calle Mayor, in unmittelbarer Nähe der Almudena-Kathedrale, U-Bahnhof Sol, Metro 1, 2 und 3.

Dieser Ort ist nicht nur optisch, sondern auch politisch von großer Bedeutung, denn hier befand sich früher der **Sitz der Regierung**.

Dem Rathaus, **Ayuntamiento** oder **Casa de la Villa**, das 1644 erbaut wurde, fügte der Architekt **Juan de Villanueva** 1789 einen Balkon hinzu,

---

COLIBRI GEHEIMTIPP

Wechsel der Royal Garden am Plaza de la Armería:
Jeden 1. Mittwoch im Monat, um 12.00 Uhr, findet der **Wechsel der Royal Garden statt** (allerdings nicht bei offiziellen Anlässen, ebenso nicht im Juli, August und September).
Beleuchtung des Palastes: Fr, Sa und So wird der Palast von 20.30- 24 Uhr angestrahlt. (B3)

Die Plaza Mayor

damit die Königin und ihr Gefolge der Fronleichnamsprozession beiwohnen konnten. Gegenüber dem Rathaus steht der **Torre de los Lujanes**. Er gehört zu den wenigen noch erhaltenen Bauwerken des ausgehenden 15. Jahrhunderts. Turm und Haus, in dem sich das **Städtische Zeitungsarchiv** befindet, sind im **Mudéjarstil** gebaut. Hufeisenförmige Spitzbögen umrahmen den Eingang. Am Ende der **Plaza de la Villa** erhebt sich die **Casa de Cisneros**. Sie ist mit dem Rathaus durch eine schmale, überdachte Brücke verbunden, die außerdem über die **Calle de Madrid** führt. Heute ist das Gebäude Sitz des Bürgermeisters. Ebenfalls einen Abstecher wert ist die Sammlung der **wertvollen Wand-**

teppiche, die in der **königlichen Teppichmanufaktur** nach **Goya-Motiven** hergestellt wurden.

Cervecería Santa Bárbara. Plaza de Santa Bárbara 8, Tel. (91) 3 19 04 49, geöffnet 7-24 Uhr. Diese Kneipe eignet sich hervorragend als Treffpunkt oder um einen **Aperitif** vor dem Mittag- bzw. Abendessen einzunehmen. Der ungezwungene, freundliche Service und die hervorragende Küche spiegeln sich in der Besucherzahl wider. Bis Mitternacht, wenn die Kneipe geschlossen wird, herrscht hier immer Hochbetrieb.

Bocaccio, Marqués de la Ensenada 16, Tel. (91) 3 19 93 29. Eine gelungene Mischung aus Eleganz und Kitsch be-

stimmt das Ambiente im Bocaccio. **Nachtschwärmer** können hier aufregende Stunden erleben, allerdings erst ab 4 Uhr morgens. Dann klettert das Stimmungsbarometer so richtig in die Höhe. Das Lokal hat bis mittags geöffnet. Eintritt 1500 Peseten.

El Caballo Cojo, Segovia 7. Dieses stilvolle Geschäft für **Keramik und Töpferei** hat sich auf die Nachbildung von Farben und Formen des 18. Jahrhunderts spezialisiert.

In der **Calle Almirante** und in der **Calle Conde de Xiquena** reihen sich die besten **avantgardistischen Modeboutiquen** aneinander. Geboten sind qualitativ hochwertige Modelle zu mittleren bis gehobenen Preisen. Besonders hervorzuheben sind die Boutiquen Anvers, Ararat, Enrique P. Excrupulus Net, Puente Aero, Robert Clegerie und das Juweliergeschäft des Goldschmieds Joaquin Berao.

Café de Gijón, P. Recoletos, 21, Tel. (91) 5 21 54 25. Gutbürgerliche Küche; Spezialität: Paella, So und Feiertags geschlossen. Hier trafen sich einst die Schriftsteller und Intellektuellen der damaligen Zeit, um ihre berühmten „tertulias" (Literaturdiskussionen) zu führen. Dieses geschmackvolle Café aus der Jahrhundertwende ist in jedem Fall einen Besuch wert.

Piamonte, Calle Piamonte. Das Pia-

monte, das in der gleichnamigen Straße liegt, ist ein **Einkaufsparadies** für Handschuhe, Ohrringe, Gürtel, Tücher und vor allem Taschen in schönem Design zu günstigen Preisen.

★ Plaza Mayor 7

Calle de Mayor, zwischen der Plaza de la Villa und der Puerta del Sol gelegen, U-Bahnhof Sol, Metro1, 2 und 3.

Philipp II. erteilte seinem Lieblingsarchitekten **Juan Gomez de Mora** im Jahre 1581 den Auftrag, die 120 x 90 m große Plaza Mayor zu erbauen. Sie ist im charakteristischen Stil der spanischen **Spätrenaissance** gestaltet und zählt heute zu den schönsten Plätzen Spaniens. Hier wütete einst

die **Inquisition**; auch fanden dort **Turniere, Stierkämpfe, Krönungen von Königen, Ketzerverbrennungen** und sonstige **Hinrichtungen, königliche Hochzeiten** und **Volksfeste** statt.

Heute ist die Plaza Mayor eher ein Treffpunkt für Touristen und Madrilenen. Das ganze Jahr über gilt der Platz am Sonntagvormittag als beliebter Treff für **Briefmarkensammler** und im Dezember findet der alljährliche **Weihnachtsmarkt** statt. Die Fassade der **Casa de la Panaderia**, der früheren Stadtbäckerei an der Nordseite, dominiert die Gesamterscheinung des Platzes. Auf der gegenüberliegenden Seite befindet sich die **Casa de la Carneceria**, die Fleischerei. In der Mitte dieses Platzes prangt die von **Giambologna** entworfene **Reiterstatue Philipps III.**, unter dessen Herrschaft die Plaza Mayor 1619 fertig gestellt wurde.

Casa Paco, Puerta Cerrada 11, So und im August geschlossen, Preise: 4.000-5.500 Pesetas, Spezialitäten: Fleischgerichte. Tel. 366 31 66. In diesem Restaurant, das sich über zwei Stockwerke zieht, werden spanische Spezialitäten serviert. Besonders empfehlenswert sind die hervorragenden Fleischgerichte. Wegen

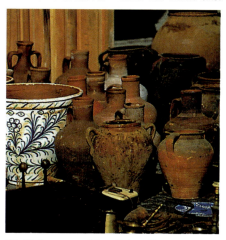

Alte Töpferwaren auf dem Flohmarkt

der familiären Atmosphäre und der freundlichen Bedienung finden sich hier in erster Linie Familien ein. Da sich das Lokal großer Beliebtheit erfreut, empfiehlt sich eine rechtzeitige Reservierung.

Multicines Ideal, Calle de Doctor Cortezo 6 (Plaza de Benavente). Hier handelt es sich um ein Kino besonderer Art. In acht Kinosälen werden **Filme jeden Genres** geboten. Vor allem die **Erstaufführungen in Originalfassung** stellen Highlights für Cineasten dar: Das reguläre Programm läuft ab 16 Uhr, es gibt aber auch Matineen. **Montags** zahlt man nur den **halben Eintrittspreis**. Da das Kino mitten im Zentrum gelegen ist, bietet es sich an, im Anschluss an die Vorstellung eine Copa (Drink) in einem der umliegenden Lokale zu sich zu nehmen.

Casa Yustas, Plaza Mayor 30. In diesem Laden findet man Kopfbedeckungen aller Art. Gleichgültig, ob man sich einen neuen Hut, eine Kappe oder eine Mütze zulegen möchte: In diesem alten, traditionsreichen Madrider Geschäft wird man gewiss fündig, denn das Sortiment reicht vom saloppen **Strohhut** bis zum ausgefallenen **Torerohut**.

Maravillas, Calle de la Sal 3. Vom rassigen **Flamencokleid** Andalusiens bis hin zu allen erdenklichen regionalen spanischen **Trachten** reicht die Produktpalette im Maravillas. Auch für Kinder ist dieser Laden ein echtes Einkaufsparadies. Alle Waren sind originalgetreu, von den vielen **Kämmen** über die passenden **Ohrringe** bis zu den charakteristischen spanischen **Tanzschuhen**.

Calzados Toledo, Calle de Toledo. Den Touristen sind sie unter der Bezeichnung „**Espandrillos**" bekannt, doch ihr richtiger Name ist „**Alpargatas**": Die Rede ist von den typischen spanischen Hanf- und Stoffschuhen. Im „Calzados Toledo" wird man diese gefragten Schuhe in allen Sorten und Farben finden. Die ausgesprochen **günstigen Preise** kommen vor allem den jungen Touristen sehr entgegen.

Puente de Segovia   8

Segovia-Brücke

Calle de Segovia, bildet im Südwesten die Grenze des Viertels, Buslinien 25, 31, 33, 36, 39, 65, N 8.

Der Puente de Segovia führt über den **Manzanares** (unter den Flüssen Madrids eher ein Rinnsal) und ist die älteste Brücke Madrids. Ihr Ursprung geht auf **Philipp II.** zurück, der Madrid, nachdem er es zur Hauptstadt Spaniens erhoben hatte, mit repräsentativen Bau-

Skulpturen auf der Puerta de Toledo

Die Plaza de la Villa

ten sowie einer entsprechenden Infrastruktur ausstatten wollte. Sein Architekt **Juan de Herrera** errichtete das 30 m breite und über 200 m lange Bauwerk. Es weist kaum Verzierungen auf, außer den Kugeln auf dem Geländer, die typisch für den Erbauer sind. Da der Fluss nicht viel Wasser führt, erstreckt sich die Brücke aber größtenteils über trockenes Land. Man hat hier einen herrlichen Ausblick auf die Stadt, vor allem auf den **Palacio Real** und die **Almudena-Kathedrale**, die die Anhöhe beherrschen.

Puerta de Toledo   **9**

Toledo-Tor

ℹ️ Calle de Toledo, am südwestlichen Ende von Madrid de los Austrias gelegen, U-Bahnhof Puerta de Toledo, Metro 5.

Die Bauarbeiten an diesem Tor wurden während der Regierungszeit **König Josephs I.** begonnen, endeten aber erst unter der Regentschaft von **Ferdinand VII.** Aufgrund seiner Rückkehr aus dem Exil auf den spanischen Thron und dem damit eingeleiteten Ende der französischen Herrschaft wurde das Tor bei seiner Fertigstellung als ein **Triumphbogen** eingeweiht. Durch **Antonio Lôpez Aguado** 1817 im klassizistischen Stil errichtet, besitzt das einzige erhaltene Stadttor Madrids drei Durchgänge, von denen der mittlere eine hohe Arkade bildet. Skulpturen, die eine Allegorie auf die Macht und die

Herrlichkeit Spaniens darstellen, krönen die Puerta de Toledo.

📷 **Café del Mercado**, Mercado Puerta de Toledo 1, Tel. (91) 3 65 87 89, Do, Fr, Sa geöffnet von 23-5 Uhr. Eintrittspreis: 1.000 ptas. Das Café del Mercado ist genau das Richtige für Liebhaber heißer **Salsa-Rhythmen**. Hier treten die besten Livebands auf. Für das aktuelle Programm zieht man am besten die **Guia del Ocio** (Stadtzeitung) zu Rate.

🎁 **Mercado de la Puerta de Toledo**, Glorieta Puerta de Toledo 1. Seltene, besonders schöne und entsprechend teure **Antiquitäten** werden hier zum Verkauf angeboten. Der ehemalige **Fischumschlagplatz** ist ein Dorado für Kenner des Kunsthandwerks und eine **Fundgrube** für alle, denen der Sinn nach einem kostspieligen, aber dafür **hochwertigen Souvenir** aus Madrid steht. Aber nicht nur Antiquitäten werden hier ausgestellt, verschiedene **alteingesessene Madrider Geschäfte** haben in dieser Gegend eine Zweigstelle aufgemacht.

🎁 Im **Capas Seseña** kann man wunderschöne spanische Capes kaufen. In diesem Laden waren einst amerikanische Filmstars, wie

15

Rita Hayworth oder Ava Gardner und europäische Königshäuser Stammgäste.

Im Schmuckgeschäft von **Chus Bures** kann man das eine oder andere ausgefallene und nicht teure Schmuckstück ergattern. Dieser Designer hat bereits für verschiedene **Almodovar** Filme wie zum Beispiel „Matador" den **Schmuck** geliefert. Fehlen darf natürlich auch hier nicht eine typisch spanische Bar mit leckeren **tapas**.

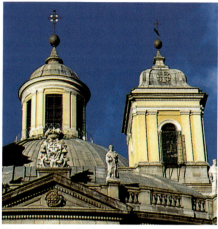

Die Franziskaner-Kirche

★ San Andrés   10

Plaza de San Andrés 1, in unmittelbarer Nähe der Capilla del Obispo und der Iglesia de San Isidro, täglich 8-13 Uhr, Tel. 265 48 71, U-Bahnhof La Latina, Metro 5.

Die Iglesia de San Andrés, deren Ursprung auf das 12. Jahrhundert zurückgeht, bildet eine architektonische Einheit mit der **Capilla del Obispo** und der **Capilla de San Isidro**. Bevor die Capilla de San Isidro angebaut wurde, lagen die Gebeine **des heiligen Isidro und seiner Frau María de la Cabeza**, den Schutzpatronen Madrids, hier begraben. Im 17. Jahrhundert wiederer-

Kirche in der Calle San Francisco

richtet und neu gestaltet, kann man sich heute kaum eine Vorstellung von der Bedeutung machen, die ihr im 15. Jahrhundert zugeschrieben wurde, als sie den katholischen Königen als Kapelle diente. Ein Brand zerstörte 1936 beinahe die gesamte Innenausstattung. Die Kirche wird immer noch renoviert.

El Cosaco, Plaza de la Paja 2, täglich geöffnet, Tel. 365 35 48 und 366 59 54. Das Restaurant ist die ideale Adresse für alle, die das Besondere lieben. Schon die Ausstattung des Cosaco versetzt den Gast ins **Russland** der Jahrhundertwende. Die ausgezeichnete Küche und der russische Wein tun ein übriges. Es empfiehlt sich, das Restaurant

am Abend aufzusuchen. Die erstaunlich **günstigen Preise** sind ein weiterer Grund dafür, sich dieses gastronomische Erlebnis nicht entgehen zu lassen. In lauen Sommernächten sollte man unbedingt versuchen, draußen ein Plätzchen zu ergattern.

★ San Francisco el Grande   11

St.-Franziskus-Kirche

Plaza de San Francisco el Grande, direkt an der Calle de Bailén gelegen, täglich 8.30-12 Uhr, So 8.30-14.30, Telefon 265 38 00, U-Bahnhof La Latina, Metro 5.

Die Kirche San Francisco el Grande wurde in den Jahren 1761-85 erbaut. Der **Heilige Franz von**

Der Eingang zur Chocolateria de San Ginés

Assisi wählte dieses Grundstück selbst aus, um hier sein bescheidenes Kloster zu errichten. Heute ist das Gotteshaus die größte Kirche Madrids, deren Kuppel den stattlichen Durchmesser von 33 Metern aufweist. Diese Größe bereitete schon dem **Franziskanermönch Francisco de las Cabezas**, auf dessen Entwurf die Ausgestaltung des Rundbaus und der Kuppel zurückzuführen ist, Schwierigkeiten. **Karl III.** enthob ihn daher 1776 dieser Aufgabe und übertrug die Lösung des Problems dem Architekten **Francisco Sabatini**.

Während der Besatzung Madrids durch die Franzosen wurde das Gotteshaus kurzer Hand zum **Sitz der spanischen Cortes**, der Ständeversamm-

lung, umfunktioniert. Nach Umbau- und Renovierungsarbeiten befindet sich die Kirche seit 1926 wieder im Besitz des Franziskanerordens. Bemerkenswert sind nicht nur Fassade und Kuppel, sondern auch der Innenraum, in dem man – neben vielen weiteren Kunstwerken – das aus **Goyas** Jugendzeit stammende Gemälde des „**heiligen Bernhard**" bewundern kann.

★ San Ginés   12

Kirche des hl. Gines

Calle del Arenal 15, zentral gelegen, in unmittelbarer Nähe des Teatro Real, des Palacio Real, der Plaza de Oriente, der Calle Mayor und der Plaza Mayor, U-Bahnhof Sol, Metro 1, 2, 3.

Die Kirche aus dem 11. Jahrhundert im **Mudéjar-Stil** wurde im Jahr 1645 wegen ihres maroden Zustandes vollständig renoviert. Federführend war der **Architekt Juan Ruiz**. Aus der damaligen Zeit ist jedoch nicht viel erhalten, da das Gotteshaus wiederholte Male im 18. und 19. Jahrhundert Bränden zum Opfer fiel und somit erneute Restaurierungsarbeiten notwendig wurden. Das jetzige Aussehen erhielt die Kirche durch Umbauarbeiten unter dem Architekten **José Maria de Aguilar**. Erwähnenswert sind vor allem die Vorhalle am Eingang der **Calle del Arenal** und im Inneren des Gebäudes werden mehrere interessante Kunstwerke verwahrt, insbesondere in der angeschlossenen **Ca-**

pilla del Cristo. Die Kapelle wurde im Jahre 1651 für die Laienbruderschaft **Esclavitud Penitencial de Cristo** erbaut, der auch König **Philipp IV.** angehörte. Das Gebetshaus darf nur während des Gottesdienstes betreten werden.

Chocolateria de San Ginés, Calle de San Ginés. Wer die Nachts noch Heißhunger auf einen **Chocolate con Churros** (heiße, dickflüssige Schokolade und Spritzgebäck) oder eine gute Tasse Kaffee verspürt, sollte sich dort zu den übrigen Nachtschwärmern gesellen. Plaza de San Ginés, 5. Tel. (91) 3 65 65 46. Geöffnet von 18-6 Uhr. Hier kann man die Partynacht mit einem Frühstück abschließen.

El Quetzal de las Indias, Calle Mayor 13. In diesem Geschäft findet man schöne Kleider und Accessoires aus **Südamerika**. Eine gute Gelegenheit, um Mitbringsel und Geschenke zu erstehen.

San Isidro el Real   13

Kirche des hl. Isidor

ℹ️ Calle de Toledo 49, in der Nähe der Plaza Mayor, täglich 7.30-12.30 und 17.30-20.45 Uhr, Tel. 369 23 56, U-Bahnhof La Latina, Metro 5.

Im Auftrag der Jesuiten entstand die Kirche Mitte des 17. Jahrhunderts in reinem Barockstil. Nach der Vertreibung der Jesuiten unter **Karl III.** wurden die **Reliquien San Isidros**, des Schutzheiligen der Stadt, hierher überführt. **Ferdinand VI.** übergab das Gebäude im 19. Jahrhundert wieder an die Jesuitenorden. Bis zur Fertigstellung der Kathedrale **Nuestra Señora de la Almudena** bleibt **San Isidro el Real** vorläufige Kathedrale der Hauptstadt. Der einst prachtvolle Innenraum, der mit Marmor und anderen edlen Materialien ausgestattet war, wurde 1936, während des Bürgerkrieges, vollkommen zerstört. Doch auch die Außenseite des schönen Backsteinbaus mit der dominierenden Kuppel, ist äußerst beeindruckend.

★ San Miguel   14

St.-Michael-Kirche

ℹ️ Calle de San Justo 4, in der Nähe der Plaza de la Villa, täglich 8-13 Uhr, U-Bahnhof Opera, Metro 2 und 5, U-Bahnhof Sol, Metro 1, 2 und 3.

Die bischöfliche Basilika San Miguel wurde im Jahre 1739 auf Anord-

Dächer von Madrid

Madrid de los Austrias

Eine beeindruckende Konstruktion: Das Viadukt

nung des Kardinalinfanten **Luis von Bourbon-Parma** erbaut. **Santiago Bonavía** entwarf den Granit-Bau, der vom italienischen **Barockstil** beeinflusst ist. Da für das Bauwerk nur ein begrenzter Platz zur Verfügung stand, versuchten Bonavia und die nachfolgenden Architekten **Virgilio Rabaglio** und **Andrés de Rusca**, dem Innenraum durch die Verwendung effektvoller, gestalterischer Elemente mehr Großzügigkeit zu verleihen: eine hohe Kuppel, schräge Pilaster und leicht zugespitzte Seitenkapellen. Eine Vielzahl vergoldeter Stuckarbeiten und Marmorimitationen an den Seitenaltären deuten auf den zu dieser Zeit beginnenden **Rokokostil** hin und unterstreichen die Monumentalität

der Pontifikalkirche. Malereien der **Brüder González** und Fresken von **Bartolomé Rusca** zieren das Deckengewölbe. Durch die Enge der Straße wirkt die konvex gewölbte zweigeschossige Außenfassade ganz besonders imposant.

★ San Pedro el Viejo — 15

Petrus-Kirche

> **ℹ** Calle de Nuncio 14, in unmittelbarer Nähe der Calle de Segovia gelegen, täglich 8-13.30 Uhr, U-Bahnhof La Latina, Metro 5.

Inmitten des ehemaligen **Maurenviertels** erhebt sich die Iglesia de San Pedro el Viejo. Errichtet unter der Herrschaft **Alfons XI.** gehört sie zu

den ältesten Kirchen Madrids. Charakteristisch für den **Mudejarstil**, der Bauelemente des **Islam**, der **Gotik** und der **Renaissance** vereinigt, sind vor allem der rote Backstein und die hufeisenförmigen Bögen. Obwohl vom ursprünglichen Gebäude nur ein Turm erhalten geblieben ist, gehört gerade dieser zu den bemerkenswertesten Überresten aus dem mittelalterlichen Madrid. Wer sich die Mühe macht, zum Kirchturm hochzusteigen, wird mit einem herrlichen Ausblick belohnt.

★ Teatro de la Opera — 16

Opernhaus

> **ℹ** Plaza de Oriente, in der Nähe des Pa-

lacio Real, U-Bahnhof Opera, Metro 2 und 5.

Um 1700 traten an der Stelle des späteren Opernhauses Komödianten auf, woraus sich ein festes Theater entwickelte, das bis zum Beginn des 19. Jahrhunderts Bestand hatte. 1818 wurde es wegen Einsturzgefahr abgerissen und man begann mit dem Bau des **Teatro Real (Teatro de la Opera)** nach Plänen des **Architekten Antonio Lôpez Aguado**, eines Schülers **Juan de Villanuevas**. Die Bauarbeiten wurden wiederholt unterbrochen, bis **Isabella II.** 1850 die Fertigstellung anordnete. Das Opernhaus wurde in der Folgezeit zu einem beliebten Treffpunkt der gehobenen Schicht und bot Dienstleistungen aller Art: zwei Schneider für letzte Änderungen der Kleider, ein Café, einen Blumenladen, ein Süßwarengeschäft und viele andere Einrichtungen. Auch in unserem Jahrhundert wurde das Theater nur mit Unterbrechungen bespielt. 1966 wurde es erneut als Konzertsaal eingeweiht und überdies zu einer Musik- und Schauspielschule umfunktioniert. Die Madrider Oper musste in dieser Zeit ins **Teatro Lírica Nacional de la Zarzuela** (Zarzuela: Madrider Operette, Jovellanos, 4, Tel. (91) 5 24 54 00, Saison Okt-Dez, U-Bahnhof Banco de

España, Metro 2, Buslinien 52, 53 und 150) umziehen. Auch derzeit ist das Opernhaus wegen Umbaumaßnahmen geschlossen.

Joy Eslava, Arenal 11, Tel. (91) 3 66 37 33. Diskothek. Hier kann die Nacht zum Tag gemacht werden. Besonders extravagante und moderne Diskothek.

★ Viaducto 17

Viadukt

Calle Bailén, verbindet den Palacio Real mit der Iglesia San Francisco el Grande, U-Bahnhof Opera, Metro 2 und 5, U-Bahnhof La Latina, Metro 5.

Der Name ist etwas irreführend, denn man könnte meinen, es handle sich bei dieser Sehenswürdigkeit um ein Relikt aus der römischen Antike. Der „Viaducto" ist eine Brücke, deren Entstehung auf den Wunsch des Schlossarchitekten **Giovanni Battista Sacchetti** (1700–1764) nach einer Verbindung zwischen dem **Palacio Real** und der **Iglesia San Francisco el Grande** zurückgeht.

Unter der Regentschaft des Königs **Amadeo I.** (Amadeus von Savoyen, 1870-1873) wurde diese Idee erst in die Tat umgesetzt.

Eingeweiht wurde dieser erste Viadukt, eine 13 m breite und 130 m lange Eisenbrücke, während der **Ersten Republik** im Jahre 1874. Die Konstruktion überdauerte nur ein halbes Jahrhundert, dann machten Wasser- und Rostschäden einen Neuaufbau nötig.

Die Arbeit am zweiten Viadukt wurde noch zur Zeit der **Zweiten Republik** begonnen, doch die Freigabe der Brücke ließ bis 1942 auf sich warten. Heute wird über dieses Viadukt der Verkehr geleitet.

Ausgefallene **Second-Hand Kleidung** gibt es in der Straße **Mira el Río Baja**. Neben den Second-Hand-Boutiquen befinden sich dort auch die **verrücktesten Nachtlokale**.

COLIBRI GEHEIMTIPP

Siete Mundos, Calle del Carnero. In diesem Laden im Rastro-Gebiet findet man Kleider aus Großmutters Zeiten. Außer montags kann man hier täglich in original alten Kleidungsstücken herumstöbern, unter denen sich oft auch Flamencokleider von anno dazumal befinden. (B3)

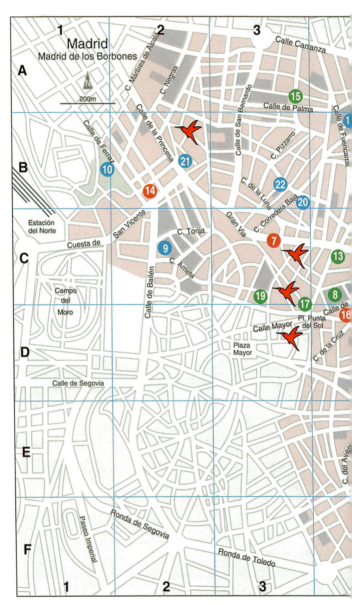

CAFÉ RESTAURANTE
MARTINHO DA ARCADA

Das **Madrid de los Borbones**, das „Madrid der Bourbonen", nimmt den östlichen Teil des Zentrums bis hin zum **Paseo del Prado** ein. Die Bezeichnung geht auf die Übernahme des spanischen Throns durch den **Bourbonen Philipp von Anjou** nach dem Spanischen Erbfolgekrieg im Jahre 1713 zurück. Städtebaulich unterscheidet es sich vom Nachbarviertel **Madrid de los Austrias** durch sein barockes Erscheinungsbild, das ihm die französischen und italienischen Baumeister, die König Philipp von Anjou in seine Hauptstadt holte, verliehen. Die bedeutendsten Architekten waren **Pedro de Ribera** und **Theodoro Ardemus**. Es entstanden mehrstöckige Wohnhäuser für die Bürger, eine moderne Kanalisation, die Straßen wurden gepflastert und mit Laternen beleuchtet. Der weltoffene Geist des Herrschers wirkte sich auch auf Bildung und Kultur aus: Königliche Akademien der Sprache, Künste und Geschichte wurden gegründet. Hauptverkehrsachse im Madrid de los Borbones ist die **Gran Via**, eine Prachtstraße, in der sich heute viele bekannte Theater und Kinos aneinander reihen. Sie stellt die einzige Verkehrsverbindung zwischen dem

Portal im Zentrum

Die Alcalá-Straße

Osten und dem Westen der Innenstadt dar, da der Stadtkern an einigen Stellen für Autos nicht zugänglich ist.

Auch in diesem Teil des Zentrums gibt es viele Cafés zu entdecken, skurrile Bars und Kneipen, in denen Madrilenen die neuesten Erlebnisse der letzten Stierkampfvorführung bei **Jerez** (Sherry) oder **carajillo** (Kaffee mit Brandy) austauschen.

Calle de Alcalá   1

Alcalá-Straße

🛈 Beginnend an der Puerta del Sol erstreckt sie sich in nordöstlicher Richtung bis nach Alcalá de Henares.

Eine der längsten Straßen Madrids und zugleich die berühmteste ist die Calle de Alcalá. Entstanden ist diese alte Ausfallstraße im Zuge der Einverleibung eines Landweges in den Stadtbezirk. Der frühere Weg führte zur angesehenen Universitätsstadt **Alcalá de Henares** und stellte eine schon im Altertum stark befahrene Verbindungsstraße dar. Seither hat sich das Bild der Calle de Alcalá stark gewandelt. An die Stelle von Olivenhainen, Verleihbetrieben von Kutschen und alten Gasthäusern traten Ende des 19. Jahrhunderts etliche Banken, darunter die **Banco Español de Crédito** und die **Banco de Bilbao**. Zusammen mit dem Finanzpalast, der **Banco de España**, sind diese Bauwerke Beispiele für die Architektur um die Jahrhundertwende.

Madrid de los Borbones

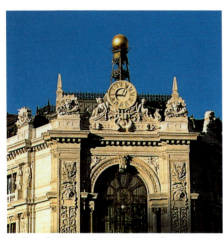

Schönes Gebäude an der Alcalá-Straße

ℹ️ Erstreckt sich von der Plaza de Santa Ana bis zum Paseo del Prado, U-Bahnhof Sol. Metro 1, 2 und 5. U-Bahnhof Antón Martín, Metro 1.

Die Calle Huertas ist eine enge Gasse, die in der Nähe der **Plaza de Santa Ana** ihren Anfang nimmt und am **Paseo del Prado** endet. Es sind nicht so sehr die vielen kleinen Läden, die diesem Straßenzug so viel Anziehungskraft verleihen – am Tag wirkt die Straße sogar eher unscheinbar. In der Nacht dagegen füllt sie sich mit Leben: Ob Treffpunkt für **Nachtschwärmer** oder einfach nur **Flanierzone** für all jene, die in den Abendstunden gerne noch einmal um die Blöcke zie-

hen. Ab etwa 20 Uhr öffnen Cafés und Bars für jeden Geschmack.

Haus von Lope de Vega

ℹ️ Cervantes, 11, U-Bahnhof Antón Martín, Metro 1, Tel. (91) 4 29 92 16, Di-Fr 9.30-14 Uhr geöffnet, So während der Ferien und im August geschlossen.

Mitten im **Literaturviertel** Madrids findet sich das mit viel Sorgfalt im Stil der Epoche restaurierte Haus einer der berühmtesten Persönlichkeiten Spaniens – das von **Lope de Vega**. Der Dichter (1562–1635) verfasste eine enorme Anzahl an Gedichten, Sonetten, Romanen und Theaterstücken, von de-

nen der Nachwelt jedoch nur ein Bruchteil erhalten blieb. In diesem Haus verbrachte er die letzten 25 Jahre seines aufregenden Lebens, zu dem die Teilnahme an der Expedition der legendären **Armada**, ständige leidenschaftliche Liebesaffären und – paradoxerweise – die Weihe zum Priester gehörten.

In seinem Haus, das heute zu einem Museum umfunktioniert ist, halten die vielen Gegenstände, die zu seinem Gedenken zusammengetragen wurden, die Erinnerung an den Schriftsteller aufrecht. Derzeit wird das Gebäude renoviert.

☕ **Café la Comedia**, Principe, 14, Tel. (91) 5 21 49 31, U-Bahnhof Sevilla. Das moderne Abendcafé lädt zu einem interessanten Ausflug ins Madrider Nachtleben ein. In puncto Musik wird die ganze Palette von **Hardrock** bis **Samba** geboten. Diese Designerkneipe sticht in dem sonst eher ungezwungenen Viertel besonders hervor.

🍴 **Taberna La Dolores**, Plaza de Jesús 4, Tel. (91) 4 29 22 43. Eine ausgesprochen hübsche, mit den landesüblichen handbemalten Kacheln ausgestattete Taverne. Hier werden köstliche, raffiniert zubereitete „**Pinchos**" – kleine spanische Spezialitäten auf

Holzspießen – gereicht. Das Lokal ist bis 24 Uhr geöffnet.

El Maño, Jesús del Valle, 1 (Novicido, Tel. (91) 5 31 36 85.

Guria, Huertas, 12 (Antón Martín), Tel. (91) 4 29 12 36. Baskische Küche, So geschlossen.

Centro de Arte Reina Sofía 4

Kunst- und Kulturzentrum „Königin Sofía"

Calle Santa Isabel, 52, U-Bahnhof Atocha, Metro 1, Buslinien: 6, 10, 14, 18, 19, 26, 27, 32, 34, 36, 37, 41, 45, 47, 55, 57, 59, 68, 150 und Circular. Täglich geöffnet von 10-21 Uhr, So von 10-14.30 Uhr, Di geschlossen. Tel. (91) 4 67 50 62 und (91) 4 67 47 61. Ständige Ausstellung spanischer, zeitgenössischer Kunst. Sonderausstellungen der Kunstdisziplinen von heute: Malerei, Bildhauerei, Videokunst, Fotografie, Filmschaffen usw.

Entstanden aus dem ehemaligen **Generalkrankenhaus San Carlos**, dessen Errichtung von **Karl III.** in Auftrag gegeben wurde und den die Architekten **José de Hermosilla** und **Francesco Sabatini** ausführten. Dieses Kunst- und Ausstellungszentrum wurde

im **Mai 1986** von **Königin Sofía** offiziell eröffnet. Es gehört zu den größten seiner Art in der Welt. Im **Centro de Arte de Reina Sofía** sind zeitgenössische Werke aller Kunstrichtungen vertreten und es werden ständig wechselnde Ausstellungen aus dem In- und Ausland gezeigt.

Das Kulturzentrum will jedoch nicht nur als Ausstellungsraum für moderne Kunst gelten, sondern auch einen Ort der Anregung, Förderung, und Pflege traditioneller und moderner Kunstformen darstellen.

Sehr interessant und sehenswert sind nicht nur die Ausstellungsräume sondern auch die **Bibliothek**, die **Buchhandlung** mit einem breitem Sortiment an Kunstbüchern, die Vorführungen von **Experimentalfilmen** und die **Terminals für Datenbänke** (u.a. für Komposition).

Congreso de los Deputados 5

Parlamentsgebäude

Plaza de las Cortes, U-Bahnhof Banco de España, Metro 2.

Das Parlamentsgebäude wurde in der Zeit von 1843–50 nach Plänen des Architekten Narciso Pascual im klassizistischen Stil erbaut. Besonders auffallend gestaltet ist der Eingangsgiebel mit seinem Relief, das die Allegorie „Spanien empfängt die Gesetzestafeln" darstellt. Das Eingangstor bewa-

Die Reina Sofia besitzt einen echten Dalí

Madrid de los Borbones

Das klassizistische Parlamentsgebäude

chen zwei bronzene Löwen, gegossen aus den Kanonen, die im Krieg gegen Marokko erbeutet wurden. Die Geschichte der Cortes (= Ständeversammlung) geht bis auf die Volksvertretungen im Mittelalter zurück. Die erste moderne Verfassung Spaniens stammt von 1812, doch sie wurde kurze Zeit später durch den spanischen König Ferdinand VII. wieder abgeschafft, als dieser aus französischer Gefangenschaft zurückkehrte.

Danach gab es ab 1834 die unterschiedlichsten Verfassungen, z. B. 1837, 1869, 1873 und schließlich 1876, die bis 1923 Bestand hatte und erst durch den Staatsstreich des Generals Primo de Rivera und den Fall der Monarchie ihre Gültigkeit verlor. 1931 wurde in Spanien die Republik ausgerufen und das Land erhielt eine der fort-

Die Prachtstraße Madrids: Gran Via

schrittlichsten und modernsten Verfassungen Europas.

Trinitarierkloster

 Calle Lope de Vega 18, in der Nähe der Plaza de Santa Ana, zu besichtigen täglich 9-13 Uhr, U-Bahnhof Antón Martín, Metro 1.

Als der Orden der Trinitarier 1198 gegründet wurde, machte es sich die Bruderschaft zur Aufgabe, weltweit die christlichen Sklaven freizukaufen. Die **Trinitarierinnen**, für die man das Kloster 1612 errichtete, gingen aus dieser Bruderschaft hervor. Das im Barockstil erbaute Kloster, dessen heutige Form auf die Bauarbeiten unter der Leitung von **Marcos López** (1637-88) zurückgeht, zählt zu den architektonisch schönsten Madrids. Zu den Nonnen gehörte auch eine Tochter **Lope de Vegas** und die Frau von **Miguel de Cervantes**, dem geistigen Vater des legendären **Don Quijote**. Dieser wurde 1616 im Vorgängerbau der Klosterkirche bestattet.

Gran Vía

 Erstreckt sich von der Calle de Alcalá

Gebäude an der Plaza España

bis zur Plaza de España, U-Bahnhof Gran Vía, Metro 1 und 5, Callalo, Metro 3 und 5, Plaza de España, Metro 6.

Plänen zufolge, die bereits im 19. Jahrhundert geschmiedet wurden, war die Gran Vía als einheitlich konzipierte Prachtstraße gedacht. Darüber hinaus wurde zu dieser Zeit der Bau einer Verbindungsstraße zwischen dem östlichen **Cibeles-Viertel** und dem neuen **Stadtteil Arguelles** im Westen Madrids erforderlich. Eine große Anzahl charakteristischer Altstadthäuser mussten den Plänen weichen. Dieses Vorhaben entpuppte sich jedoch als langwieriges Unterfangen, da der Großteil der Häuser enteignet werden musste:

Das erste Teilstück der Gran Vía, auf Geheiß des **Königs Alfons XIII.** zwischen 1910 und 1920. Hier sind die architektonischen Vorstellungen des 19. Jahrhunderts zu erkennen, während eines der berühmtesten Gebäude dieser Straße, die **Telefonica**, das sich – als erster Wolkenkratzer Europas – von diesem Stil abhebt. Lange Zeit war er mit 81 m nicht nur das höchste, sondern auch das bekannteste Bauwerk der Prachtstraße. Die staatliche Telefongesellschaft befindet sich in diesem imposanten Hochhaus, das zusammen mit Banken und Verwaltungsgebäuden den zweiten Abschnitt der Straße dominiert.

Zwischen der **Red de San Luis** und der **Plaza de**

España schließt sich ein amerikanisch beeinflusstes Teilstück an, in dem sich das **Capitol** und Gebäude aus den 20er und 30er Jahren aneinander reihen. Hier treffen sich vor allem Kino-Liebhaber, um in den amerikanischen Vorbildern nachempfundenen Lichtspieltheatern und Kinopalästen in die Welt der bewegten Bilder einzutauchen. Die meisten Kinos liegen an der Gran Vía und an der Straße Fuencarrat. Die Filme werden im Original in den Kinos an der Plaza de España gezeigt.

Bemerkenswert ist, dass den Viehhirten aus der **Mancha** es auch heute noch zusteht, ihre Herden im Frühling, entlang der früheren Route in die Berge zu treiben. Diese führt ausgerechnet über die jetzige Durchfahrtsstraße Gran Vía. Glücklicherweise machen die Hirten von diesem verbrieften Recht keinen Ge-

brauch. Denn ob der zweifellos idyllische Anblick von Hirten und Weidevieh die Einheimischen und Touristen für das entstehende Verkehrschaos entschädigen würde, ist fraglich!

Museo Chicote, Gran Vía, 22, Tel. (91) 5 32 67 37. Jahrzehntelang ging hier die Intellektuellen-Szene von Hemingway bis Cocteau ein und aus. Schöne Art Déco-Bar – wunderbar geeignet, um den Abend stilvoll mit einem Drink zu beginnen.

Bocaíto, Libertad 6, Tel. 5 32 12 19. In dieser Cerverceria bekommt man köstliche „**Tapas**" (Häppchen). Die Küche des Restaurants ist am modernen Geschmack orientiert, wobei die mit frischem Fisch zubereiteten Gerichte und Salate besonders zu empfehlen sind (die Madrider brüsten sich damit, dass sie die frischesten

Fisch ganz Spaniens auf ihre Teller bekommen). Die günstigen Preise ziehen vornehmlich junges Publikum an.

Zara, Infantas 5, Sa, So und feiertags geschlossen, Telefon 532 20 74. Zu Señora Zara kommen in erster Linie leger gekleidete junge Leute, die sich in freund-

Balkone über Balkone

licher, ungezwungener Atmosphäre mit **kubanischen Spezialitäten** verwöhnen lassen.

Taverna Carmencita, Libertad 16, Sa mittags und So geschlossen, Tel. 531 66 12. In einem Haus aus der Zeit der Jahrhundertwende, liebevoll dekoriert mit stilechten Vorhängen und alten Bildern, werden hervorragende **baskische Gerichte** – mit viel frischem Gemüse **„a la plancha"** (vom Grill) – angeboten. Die herzliche Atmosphäre und die nostalgische Ausstattung haben das Restaurant zu einem romantischen Treffpunkt vor allem für Pärchen und kleinere Gruppen werden lassen.

Ya'sta La Trup, Valverde 10, Tel. (91) 5 31 37 20. Das gemischte Publikum dieser Bar setzt sich vornehmlich aus **Hard-Rock-** und **Heavy-Metal**-Fans zusammen. Die – im übrigen sehr gute – Musik ist auf die Besucher zugeschnitten. Ab 24 Uhr treten **Livebands** auf. Wer etwas härtere Rhythmen mag, sollte sich das Erlebnis nicht entgehen lassen. Über das Programm informiert der **Guia del Ocio**, Madrids Programmzeitschrift.

Corazon negro, Colmenares 5. In dieser abgeschiedenen Bar kann man in Ruhe einen Drink zu sich nehmen – ohne jeden Lärm und Trubel. Das Publikum ist eher der gehobenen Schicht zuzuordnen, die gepflegte Atmosphäre lädt zum Verweilen ein.

Cambalache, Calle de Victor Hugo 5. Für Trendsetter ist dieser **Second-Hand-Laden** ein absolutes Muss. Hier können vor allem aktuelle gebrauchte Kleider zu günstigen Preisen erstanden werden. Bisweilen sind allerdings auch Modelle aus den 60er und 70er Jahren darunter, die derzeit ja sehr gefragt sind. Wer gerne herumstöbert und ausgefallene Sachen sucht, wird hier sicher auf seine Kosten kommen.

Liebhaber der lateinamerikanisch und afrikanisch angehauchten Jazzmusik werden von einem der derzeit beliebtesten Cafés, dem **Populart** (Huertas, 22, Tel. (91) 4 29 84 07), begeistert sein. Ausgezeichnete **Livebands** und ein bunt gemischtes Publikum garantieren einen abwechslungsreichen Abend in Ambiente.

Eines der schönsten Konzert-Cafés der Stadt ist das **La Fídula**, Huertas, 57 (Antón Martín), Tel. (91) 4 29 29 47. Täglich geöffnet von 18-3 Uhr, Fr und Sa von 8-4 Uhr. Romantische Beleuchtung, behagliche Wohnzimmeratmosphäre und moderate Preise laden zum Verweilen ein. Das Wichtigste jedoch ist die Musik, die junge Künstler – meist Studenten der Musikhochschulen – mit viel Engagement und Können zu Gehör bringen. In erster Linie klassische Stücke.

Finanzministerium

 Calle Alcalá 3, in der Nähe der Puerta del

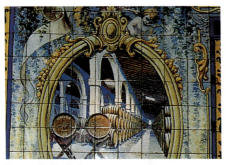

Kunstvolle Kacheln

Sol, Besuch nach Vereinbarung, Tel. 468 56 00, U-Bahnhof Sol, Metro 1, 2 und 3.

Das ehemalige **Königliche Zollhaus** ist heute Sitz des Finanzministeriums. Der Lieblingsarchitekt König **Karls III.**, **Francesco Sabatini**, entwarf die Pläne, nach denen das Gebäude 1769 errichtet wurde. Die architektonischen Stilelemente des Bauwerkes zeigen eine deutliche Anlehnung an **italienische Renaissance-Paläste**.

Im Zuge der Ausbauarbeiten (1928/29) nahm man eine Veränderung an der Fassade vor. Sie erhielt ein von **Pedro de Ribera** kreiertes Portal, das ursprünglich für den **Palacio de Torecillas** vorgesehen war.

Monasterio de la Encarnación   **9**

Augustinerinnen-Kloster

ℹ️ Plaza de la Encarnación 1, in der Nähe des Teatro de la Ópera, U-Bahnhof Opera, Metro 2 und 5, U-Bahnhof Plaza de España, Metro 6. Tel. (91) 5 47 53 50, Mi-Sa geöffnet von 10.30-12.30 Uhr und von 16-17.30 Uhr, So von 11-11.30 Uhr, Mo geschl.

Errichtet wurde das Kloster der Augustinerinnen im Auftrag von **Margarita von Österreich**, der **Gemahlin Philipps III.** Ursprünglich war es ein Anbau des Schlosses und mit diesem durch einen langen Korridor verbunden. Nach fünfjähriger Bauzeit unter der Leitung des Plaza-Mayor-Archi-

---

tekten **Juan Gómez de Mora** konnte das **Monasterio de la Encarnación** im Jahre 1616 eingeweiht werden. Da die Kirche, deren Fassade aus wunderschönen Quader- und Backsteinen besteht, Mitte des 18. Jahrhunderts einem Brand zum Opfer fiel, wurden Renovierungsarbeiten erforderlich, mit deren Ausführung der Architekt **Ventura Rodríguez** betraut wurde.

Das Gotteshaus ist eines der beliebtesten in Madrid. In seinem Inneren wird ein Reliquienschrein mit dem Blut des **heiligen Pantaleon** aufbewahrt. Es soll sich alljährlich am 27. Juli auf wundersame Weise verflüssigen.

Das aufwendig restaurierte Kloster ist seit 1965 ein sehenswertes Museum geworden. Es beherbergt in den drei Sälen, dem Kreuzgang und der Sakristei eine beachtliche Gemälde-, Skulpturen- und Bildschnitzereisammlung.

Besonders hervorzuheben sind die Werke der Madrider Künstler **Juan Carreno**, **Bartolomé Román** und **José de Ribera**, dessen „**Jugendlicher Johannes**" das sehenswerteste Meisterwerk darstellt.

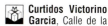 **Curtidos Victorino Garcia**, Calle de la

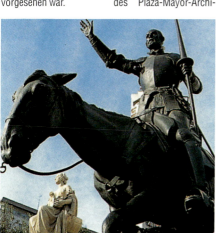

Hoch zu Ross: Don Quijote auf der Plaza de España

Bola 12. Hier können hochwertige Lederwaren aller Art erstanden werden.

Museo de Cerralbo 10

Cerralbo-Museum

ℹ️ Calle Ventura Rodríguez 17, in der Nähe der Plaza de España, Tel. (91) 5 47 36 46, Di-So von 10-14 Uhr geöffnet, Mo und feiertags geschlossen. Buslinien 74, 133 und 134, U-Bahnhof Plaza de España, Metro 6, U-Bahnhof Ventura Rodríguez, Metro 2 und 10.

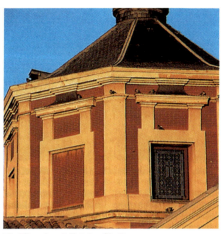

Ein Türmchen krönt das Stadtmuseum

Der Privatgelehrte **Enrique de Aguilera y Gamboa Marquis Cerralbo** (1845-1922) ließ 1886 den Palast erbauen, der das heutige Museum beherbergt. Da der Marquis darüber hinaus der Archäologie sehr zugetan war, umfasst die reichhaltige Sammlung neben Skulpturen, Bildern, Waffen, Teppichen und Möbeln aus verschiedenen Epochen auch Ausgrabungsstücke aus der **punischen**, **iberischen** und **römischen Zeit**.

Neben vornehmlich italienischen Malern wie **Tintoretto**, **Tizian** und **Veronese** bestimmen Künstler spanischer Herkunft, z. B. **El Greco**, **Zurbáran**

Prächtiges Haus an der Gran Via

und Velázquez, Franzosen und Niederländer die beeindruckende Gemäldesammlung.

Besonders erwähnenswert sind **El Grecos „Hl. Franz in Ekstase"** in der Kapelle und **Zurbaráns „Immaculata"** auf der Galerie. Der Marquis legte testamentarisch fest, dass sein Besitz mit der dazugehörigen Privatsammlung dem spanischen Staat übergeben werden solle. Somit wurde aus dem Palast ein Museum, das der Öffentlichkeit zugänglich ist.

Museo Municipal 11

Stadtmuseum

ℹ️ Calle Fuencarral 78, in der Nähe der Iglesia de San Antonio de los Alemanes, Tel. (91) 5 88 86 72, Di-Fr 9.30-20 Uhr, Sa und So von 10-14 Uhr geöffnet, Mo und feiertags geschlossen. Buslinien 3, 7 und 10, U-Bahnhof Tribunal, Metro 1 und 10.

Die Sammlung des Museo Municipal und die Bibliothek sind seit 1926 in den Räumen des ehemaligen Hospicio (Armenhaus) zu besichtigen, das dem früheren **Tribunal de Cuentas del Reino** (Rechnungshof) gegenübersteht.

Die Bauarbeiten zur Errichtung des Hospicio, ein Meisterwerk des Architekten **Pedro de Ribera**, begannen 1722 und endeten erst kurz vor der Jahrhundertwende. Das Resultat gilt als eindrucksvolles Beispiel des Madrider Barockstils.

re, die sich deutlich von der in Schuhgeschäften erhältlichen unterscheidet. Auch mit größerem Fuß wird man hier fündig.

| Plaza de España | 14 |

ℹ️ Cuesta San Vicente, direkt zwischen dem Palacio Real und der Montana del Principe Pio, U-Bahnhof Plaza de España, Metro 6.

Die Plaza de España liegt zwischen der Altstadt und dem modernen Universitätsviertel. Die zentrale Lage macht den Platz zu einem beliebten Treffpunkt für Studenten, Touristen und Angestellte der umliegenden Firmen. Die Wolkenkratzer **„Torre de Madrid"** und **„Edificio de España"**, die in den 50er Jahren von den **Brüdern Otamendi** als beeindruckender Abschluss der Gran Vía gebaut wurden, bilden einen deutlichen Kontrast zu diesem Platz, der von einem gepflegten Garten umgeben ist. Aufgrund der Nähe zum Schloss und zu den Kasernen diente die Plaza in früheren Zeiten in erster Linie für militärische Aufmärsche und Paraden.

Heute ist der Ort als eine der wichtigsten Verkehrsknotenpunkte der Hauptstadt von Bedeutung. Darüber hinaus kann er als einer der architektonisch schönsten

Plätze Madrids bezeichnet werden. Ein weißer **Obelisk** von monumentaler Größe, auf dem die Weltkugel zu sehen ist, zeigt vor den Hochhäusern gen Himmel.

Davor befindet sich das bekannte **Cervantes-Denkmal**. Von hohem Sockel blickt der Dichter auf die Betrachter hinab: den Titelhelden seines weltberühmten Romanklassikers **Don Quijote de la Mancha** auf dem Pferd **Rocinante** und dessen Knappen **Sancho Pansa** auf dem Maulesel **Lucio** zu seiner Rechten. Der Bildhauer **Lorenzo Collaut Valera** schuf diese sehenswerten Figuren, deren Anblick man sich auch bei einem kurzen Madridbesuch nicht entgehen lassen sollte.

🎭 **Morocco**, Marqués de Leganes, 7, Tel. (91) 5 31 31 77. Im Morocco wird ein Showprogramm geboten, das über die klassischen Darbietungen von Clowns und Mimen hinausgeht. Die Darstellungen sind eher provokativ, gehen bis hin zum avantgardi-

stischen Strip, der sich allerdings von den üblichen sexistischen Ausziehvorführungen unterscheidet. Das Publikum ist begeistert von den niveauvollen Vorstellungen und dem Programm.

🏺 **Cantaro**, Calle Flor Baja 8. Hier erhält man **Keramik** und **Glaswaren** aus ganz Spanien. Stilvolle Kelche und Weinkrüge kann man in diesem Geschäft ebenso erstehen wie **Tonkrüge** und rustikale **Töpferarbeiten**.

| Plaza del Dos de Mayo | 15 |

Platz des Zweiten Mai

ℹ️ Westlich der Biblioteca Municipal gelegen, U-Bahn-Station Bilbao, Metro 1 und 4, U-Bahnhof Tribunal, Metro 1 und 10.

In der Mitte des Platzes erhebt sich das von **Antonio Solá** entworfene Denkmal der Offiziere **Luis Daoiz** und **Pedro**

Denkmal auf der Plaza del Dos de Mayo

Bola 12. Hier können hochwertige Lederwaren aller Art erstanden werden.

Museo de Cerralbo 10

Cerralbo-Museum

ℹ️ Calle Ventura Rodríguez 17, in der Nähe der Plaza de España, Tel. (91) 5 47 36 46, Di-So von 10-14 Uhr geöffnet, Mo und feiertags geschlossen. Buslinien 74, 133 und 134, U-Bahnhof Plaza de España, Metro 6, U-Bahnhof Ventura Rodríguez, Metro 2 und 10.

Der Privatgelehrte **Enrique de Aguilera y Gamboa Marquis Cerralbo** (1845-1922) ließ 1886 den Palast erbauen, der das heutige Museum beherbergt. Da der Marquis darüber hinaus der Archäologie sehr zugetan war, umfasst die reichhaltige Sammlung neben Skulpturen, Bildern, Waffen, Teppichen und Möbeln aus verschiedenen Epochen auch Ausgrabungsstücke aus der **punischen**, **iberischen** und **römischen Zeit**.

Neben vornehmlich italienischen Malern wie **Tintoretto**, **Tizian** und **Veronese** bestimmen Künstler spanischer Herkunft, z. B. **El Greco**, **Zurbarán**

Prächtiges Haus an der Gran Via

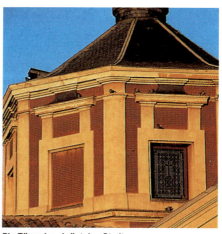

Ein Türmchen krönt das Stadtmuseum

und **Velázquez**, Franzosen und Niederländer die beeindruckende Gemäldesammlung.

Besonders erwähnenswert sind **El Grecos „Hl. Franz in Ekstase"** in der Kapelle und **Zurbaráns „Immaculata"** auf der Galerie. Der Marquis legte testamentarisch fest, dass sein Besitz mit der dazugehörigen Privatsammlung dem spanischen Staat übergeben werden solle. Somit wurde aus dem Palast ein Museum, das der Öffentlichkeit zugänglich ist.

Museo Municipal 11

Stadtmuseum

ℹ️ Calle Fuencarral 78, in der Nähe der Iglesia de San Antonio de los Alemanes, Tel. (91) 5 88 86 72, Di-Fr 9.30-20 Uhr, Sa und So von 10-14 Uhr geöffnet, Mo und feiertags geschlossen. Buslinien 3, 7 und 10, U-Bahnhof Tribunal, Metro 1 und 10.

Die Sammlung des Museo Municipal und die Bibliothek sind seit 1926 in den Räumen des ehemaligen Hospicio (Armenhaus) zu besichtigen, das dem früheren **Tribunal de Cuentas del Reino** (Rechnungshof) gegenübersteht.

Die Bauarbeiten zur Errichtung des Hospicio, ein Meisterwerk des Architekten **Pedro de Ribera**, begannen 1722 und endeten erst kurz vor der Jahrhundertwende. Das Resultat gilt als eindrucksvolles Beispiel des Madrider Barockstils.

Ganz besonders hervorzuheben ist das Portal, das mit seinen üppigen Zierelementen wie Wappen, Simse, Blumen und Krügen die barocke Lebenshaltung widerspiegelt.

Im Museum wird man ausführlich über Vorgeschichte und Entwicklung der Stadt informiert: Mittelalterliche Dokumente, Modelle, Skizzen von Architekten und Stadtpläne sind hier ebenso anzutreffen wie Stiche, Porzellan, Porträts und Werke berühmter Maler des 19. Jahrhunderts (u.a. **Goya**). Die Gärten, die das Gebäude umgeben, wurden ebenfalls nach Plänen **Riberas** angelegt und sollten bei der Besichtigung des Museums unbedingt aufgesucht werden. Dort

wartet der zweifellos schönste Brunnen der Stadt, der **Fuente de la Fama** (Brunnen des Ruhmes), der klar die Handschrift Riberas trägt, auf Besucher. Außerdem kann das von **Gutiérrez Soto** erbaute ehemalige **Theater Barcelo** besichtigt werden.

La Gata Flora, Dos de Mayo, 1 (Tribunal), täglich geöffnet, Telefon 521 20 20. Das Lokal ist ein Geheimtipp für Liebhaber der **italienischen Küche**. In diesem hübschen kleinen Eckrestaurant ist nicht nur die Küche hervorragend, sondern auch die niedrigen Preise und der freundliche Service machen einen Besuch im Gata Flora in jedem Fall lohnenswert. Wegen der großen Beliebtheit bei

den Studenten wurde ein zusätzlicher Raum im Souterrain angemietet.

Café Manuela, San Vincente Ferrer 33, Tel. (91) 5 31 70 37. Das Café Manuela ist ein argentinisches Nachtcafé, in dem sich allnächtlich ein bunt gemischtes Publikum trifft. Zu Beginn des Abends dient die **Jazzmusik** aus den **20er Jahren** nur als Hintergrunduntermalung. Ab 23 Uhr wird es dann aber lebhafter und man feiert bis 3 Uhr früh in ausgelassener und temperamentvoller Stimmung.

Maravillas, San Vincente Ferrer 35, Tel. (91) 5 23 30 71. Hier finden sich all jene ein, die einen ruhigen Abend in gepflegtem Ambiente einer bewegten Diskonacht vorziehen. Musiker aus aller Welt bringen außergewöhnlichen **Jazz** – von Swing bis Free – zu Gehör. Das genaue Programm kann man dem **Guia del Ocio** (Stadtzeitung) entnehmen. Es empfiehlt sich, erst etwas später zu erscheinen, da die Stimmung in dem vielbesuchten Lokal erst ab 2 Uhr morgens so richtig phantastisch ist. Nachtschwärmer können hier auf ihre Kosten kommen, denn das Maravillas hat bis 5 Uhr geöffnet.

Swing, San Vincente Ferrer 33. Sehr gediegen geht es in

Bunte Kacheln laden zum Verweilen ein

der Nachbarschaft des Maravillas zu. Hier sitzt man zwar schon ab Mitternacht bei einem Drink zusammen, doch richtig lebhaft wird es erst in den frühen Morgenstunden, wenn zum **Bigbandsound** der 20er Jahre Foxtrott getanzt wird. Über das genaue Liveprogramm gibt auch hier der **Guia del Ocio** (Stadtzeitung) Auskunft.

Don Quijote und Sancho Pansa

Museo Romantico   12

Romantisches Museum

San Mateo 13, in der Nähe des Museo Municipal, Tel. (91) 4 48 10 71, (91) 4 48 10 45. Di-Sa von 9-14.30 Uhr geöffnet, im August geschlossen. Buslinien 3, 40 und 149. U-Bahnhof Tribunal, Metro 1 und 10.

Ein herrschaftlicher Palast aus dem 18. Jahrhundert beherbergt das Museo Romantico. Im Romantischen Museum werden Möbel, Gemälde und andere Objekte aus dem 19. Jahrhundert gezeigt, darunter ein Porträt von Larra und auch die Pistole, mit der er sich erschoß. In der Pinakothek sind für die Romantik charakteristische Maler vertreten. Erwähnenswert wäre vor allem die Kunstsammlung des **Marqués de la Vega-Inclán**, die 1920 nach testamentarischer Anordnung in die Hände des Staates überging. Architektur und Einrichtung der einzelnen Räume, welche auf die Regentschaft **Ferdinands VII.** und **Isabellas II.** zurückgehen, versetzen den Besucher in die Zeit des Widerstands gegen Napoleon und des Sturzes Isabellas II.

Café Vaivén, Travesia de San Mateo 1. Das junge Publikum lässt sich hier bis tief in die Nacht von Salsarhythmen mitreißen. In dieser Stimmung tanzt niemand lange alleine. Sonntags spielt ab 23 Uhr eine Band.

Oratorio del Caballero de Garcia   13

Kapelle des Ritters Garcia

Caballero de Garcia 5, parallel zur nahen Gran Vía verlaufend, täglich 8-13 Uhr, U-Bahnhof Gran Vía, Metro 5.

Nur wenige Meter von der belebten Gran Vía entfernt trifft man in einer ruhigen Nebenstraße auf das Oratorio del Caballero de Garcia. Die zwischen 1786 und 1795 erbaute Kapelle ist eines der vielen Projekte des Architekten **Juan de Villanueva**, der u. a. mit der Gestaltung des **Museo del Prado**, des **Jardín Botánico** und der **Casita del Príncipe** viel zur Verschönerung der Stadt beitrug. Es ist unschwer zu erkennen, dass der Baumeister beim Bau die italienische Architektur der damaligen Zeit zum Vorbild nahm.

In der **Calle de Augusto Figueroa** reihen sich **Schuhgeschäfte** ganz besonderer Art, so genannte **Muestrarios**, aneinander. Hier kauft man bereits heute Schuhe aus dem Sortiment ein, das erst für die nächste Saison vorgesehen ist. Auf diese Weise testen die Hersteller ihre Modelle und der Kunde findet **extravagante Wa-**

re, die sich deutlich von der in Schuhgeschäften erhältlichen unterscheidet. Auch mit größerem Fuß wird man hier fündig.

i Cuesta San Vicente, direkt zwischen dem Palacio Real und der Montana del Principe Pio, U-Bahnhof Plaza de España, Metro 6.

Die Plaza de España liegt zwischen der Altstadt und dem modernen Universitätsviertel. Die zentrale Lage macht den Platz zu einem beliebten Treffpunkt für Studenten, Touristen und Angestellte der umliegenden Firmen. Die Wolkenkratzer **„Torre de Madrid"** und **„Edificio de España"**, die in den 50er Jahren von den **Brüdern Otamendi** als beeindruckender Abschluss der Gran Vía gebaut wurden, bilden einen deutlichen Kontrast zu diesem Platz, der von einem gepflegten Garten umgeben ist. Aufgrund der Nähe zum Schloss und zu den Kasernen diente die Plaza in früheren Zeiten in erster Linie für militärische Aufmärsche und Paraden.

Heute ist der Ort als eine der wichtigsten Verkehrsknotenpunkte der Hauptstadt von Bedeutung. Darüber hinaus kann er als einer der architektonisch schönsten

Plätze Madrids bezeichnet werden. Ein weißer **Obelisk** von monumentaler Größe, auf dem die Weltkugel zu sehen ist, zeigt vor den Hochhäusern gen Himmel.

COLIBRI GEHEIMTIPP **La Cantina Mexicana**, Tesoro 31, So geschl., Tel. (91) 522 04 16. Das Ambiente ist eher schlicht und Unordnung gehört hier zum unverwechselbaren Stil. Wer sich daran nicht stört und gerne viel, billig und vor allem gut isst, wird sich in der Cantina rundherum wohlfühlen. (B2)

Davor befindet sich das bekannte **Cervantes-Denkmal**. Von hohem Sockel blickt der Dichter auf die Betrachter hinab: den Titelhelden seines weltberühmten Romanklassikers **Don Quijote de la Mancha** auf dem Pferd **Rocinante** und dessen Knappen **Sancho Pansa** auf dem Maulesel **Lucio** zu seiner Rechten. Der Bildhauer **Lorenzo Collaut Valera** schuf diese sehenswerten Figuren, deren Anblick man sich auch bei einem kurzen Madridbesuch nicht entgehen lassen sollte.

Morocco, Marqués de Leganes, 7, Tel. (91) 5 31 31 77. Im Morocco wird ein Showprogramm geboten, das über die klassischen Darbietungen von Clowns und Mimen hinausgeht. Die Darstellungen sind eher provokativ, gehen bis hin zum avantgardi-

stischen Strip, der sich allerdings von den üblichen sexistischen Ausziehvorführungen unterscheidet. Das Publikum ist begeistert von den niveauvollen Vorstellungen und dem Programm.

Cantaro, Calle Flor Baja 8. Hier erhält man **Keramik** und **Glaswaren** aus ganz Spanien. Stilvolle Kelche und Weinkrüge kann man in diesem Geschäft ebenso erstehen wie **Tonkrüge** und rustikale **Töpferarbeiten**.

Platz des Zweiten Mai

i Westlich der Biblioteca Municipal gelegen, U-Bahn-Station Bilbao, Metro 1 und 4, U-Bahnhof Tribunal, Metro 1 und 10.

In der Mitte des Platzes erhebt sich das von **Antonio Solá** entworfene Denkmal der Offiziere **Luis Daoiz** und **Pedro**

Denkmal auf der Plaza del Dos de Mayo

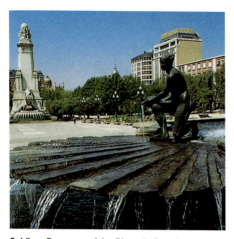

Schöner Brunnen auf der Plaza de España

Velarde, die den schweren Kämpfen vom **2. Mai 1808** zum Opfer fielen. Auf Geheiß der Offiziere hatte sich die Bevölkerung gegen die französischen Invasoren erhoben. Errichtet wurde das Mahnmal im Jahre 1838, nach Entwürfen von **Isidro Gonzalez**, zum Gedenken an das blutige Zeugnis für bedingungslose Treue und grenzenlosen Mut, dem der Platz seinen Namen verdankt. Der **Backsteinbogen**, der sich hinter dem Denkmal befindet, ist ein Überbleibsel des **Palacio de Monteleón**. Dieser wurde 1690 erbaut und brannte 1723 nieder. Heute ist der Platz ein beliebter Treffpunkt für vorwiegend junges Publikum, das bei schönem Wetter die Terrassen der umliegenden **Cafés**, **Bars**, **Kneipen** und **Restaurants** bevölkert, um Erfrischungsgetränke zu sich zu nehmen oder einfach dem bunten Treiben rund um die Plaza zuzusehen.

Plaza de Santa Ana 16

St.-Anna-Platz

ℹ️ Plaza de Santa Ana, in der Nähe der Puerta del Sol und der Plaza Mayor, U-Bahnhof Sol/Antón Martín, Metro 1, 2 und 3.

Im Zentrum des **Literatenviertels** gelegen, ist der St.-Anna-Platz Anziehungspunkt für junges wie altes Publikum, das entweder einen Einkaufsbummel durch die Konditoreien und Läden macht oder sich davon auf einer der vielen Bänke erholt. An den schmalen Enden des Platzes, in dessen Mitte sich das imposante Denkmal von **Calderón de la Barca** (Schriftsteller der Renaissance) erhebt, befinden sich das stilvolle alte **Stierkämpfer-Hotel Victoria** und das **Teatro Español**, Príncipe, 25, Tel. (91) 4 29 03 18, U-Bahnhof Sol, Metro 1, 2 und 3.

Wer die Muße hat, die Menschen auf der Plaza de Santa Ana zu beobachten, kann sich in kürzester Zeit bestens über die Lebensgewohnheiten der Madrider Bevölkerung informieren. Je näher der Abend rückt, umso mehr füllt sich der Platz mit Publikum aller Schichten und Typen.

🍺 **Cervecería Alemana**, Plaza Santa Ana 6, Tel. (91) 4 29 70 33. Besonders beliebt bei den 25-40jährigen. Serviert wird nicht nur deutsches Bier, zur Auswahl steht eine breite Palette internationaler und nationaler Biersorten. Ansonsten herrscht in der Cervecería Alemana eine ausgelassene Atmosphäre mit **Tapas**, **Vino** und **Tortillas**.

🍴 **Hilogui**, Ventura de la Vega 3, sonntagsabends geschlossen, Telefon 429 73 57. Wem der Sinn nach spanischer **Hausmannskost** steht, der sollte einen Besuch im Restaurant Hilogui einplanen. Junges Publikum trifft sich hier, um in lebhafter Atmosphäre zu speisen. Die gute Küche und die sehr moderaten Preise machen das Lokal auch attraktiv für Familien. Es bietet sich geradezu an, in einer der vielen einladenden Bars in der Nachbarschaft entweder einen Aperitif vor oder eine „Copa" nach dem Essen einzunehmen.

Taberna Venencia, Echegaray 7, Tel. (91) 4 29 73 13. Hier gibt es den besten **Ziegenkäse**, der als **„Tapa"** (Häppchen) zur **„Copa"** (Drink) serviert wird. Keinesfalls sollte man es sich entgehen lassen, einen der ausgezeichneten Weine zu probieren. Studenten und Junggebliebene kommen in der kleinen Kneipe zusammen, um sich in angenehmer, beinahe provinzieller Atmosphäre zu erholen. Die beste Zeit für einen Abstecher ins La Venecia sind die Stunden zwischen 19 und 24 Uhr.

Café Central, Plaza del Angel 10 (Tel. (91) 3 69 41 43. Das Café Central ist ein lebhaftes Nachtcafé mit langjähriger Tradition. Das liegt auch mit daran, dass hier die besten Jazzgruppen der Stadt spielen. Täglich wechselndes Liveprogramm. Pro Abend finden zwei Auftritte statt.

Casa Patas, Cañizares 10. Ein Geheimtipp in Puncto Flamenco. Nicht touristisch. Tel. (91) 3 69 04 96, Restaurant mit Flamenco-Show und Sevillana (spezieller Tanz aus Sevilla), geöffnet ab 20 Uhr. Auch die Küche ist hier sehr zu empfehlen.

Puerta del Sol   17

Sonnentor

Am Ende der Calle de Alcalá und der Carrera de San Jeronimo gelegen, U-Bahnhof Puerta del Sol, Metro 1, 2 und 3.

Den Abschluss der zweifellos berühmtesten Straße Madrids, der Calle de Alcalá, bildet die Puerta del Sol, einer der bekanntesten und meistbesuchten Plätze der Stadt. Benannt wurde der Platz nach dem einstigen Stadttor, das sich im 16. Jahrhundert an dieser Stelle befand und dessen Emblem mit der Darstellung der Sonne in Richtung Sonnenaufgang angebracht war. Das damals wichtigste Stadttor Madrids bestand aus recht schmucklosem Backstein und verfügte über sechs Wehrtürme.

Verschiedene Bauwerke, typische Cafés und Restaurants, Buchhandlungen und andere alte Läden trugen dazu bei, dass dieses Tor immer mehr zum Zentrum der Stadt avancierte. Als es 1570 abgerissen wurde, mussten in der Folgezeit auch die übrigen Gebäude neuen Bauten weichen, so

Springbrunnen an der Puerta del Sol

Madrid de los Borbones

Herrschaftliche Häuser an der Puerta del Sol

dass der Platz zwischen 1570 und 1597 umgestaltet wurde. Zu diesen Bauwerken zählten etwa das **Königliche Hospital**, das **Kloster San Felipe Real**, die **Kirchen Buen Suceso** und **Nuestra Señora de la Victoria**. Den berühmten Brunnen **La Mariblanca**, ein Werk des Italieners **Rutilio Ga-**

ci, ersetzte man durch eine Säule. Eine darauf befindliche Statue der Mariblanca erinnert noch heute an das einstige Kunstwerk. Einzig die ehemalige Post, die **Casa de Correos**, aus dem Jahre 1761 ist erhalten geblieben. Ein alljährlich stattfindendes Ereignis ist mit diesem Gebäude verbunden: Seine Uhr läutet in der Silvesternacht den Beginn des neuen Jahres ein. Bei jedem Gongschlag nimmt die Bevölkerung ganz Spaniens eine Traube zu sich – ein Brauch der Glück für das neue Jahr bringen soll. Die Statue des Wappentiers von Madrid, **Oso y el madroño** (der Bär am wilden Erdbeerbaum), erinnert an den heute in den spanischen Wäldern fast ausgestorbenen Braunbären.

Besonders schöne **wilde Erdbeerbäume** können Sie im **Botanischen Garten** besichtigen. Die Puerta del Sol war schon immer Schauplatz **historischer Ereignisse**: Der Aufstand gegen Napoleon vom 2. Mai 1808, die Einweihung der Gasbeleuchtung (1830), die Besetzung des früheren Postgebäudes durch die Liberalen (1835), die Ermordung des Ministerpräsidenten Canalejas (1912), die Inbetriebnahme der ersten U-Bahnlinie (1919) und die Proklamation der Zweiten Republik (1931) fanden hier statt.

Aus dem damaligen Postgebäude ist inzwischen das heutige Innenministerium geworden.

Darüber hinaus stellt die Puerta del Sol den „**Kilometro Cero**", den Kilometer null dar, denn sie bildet nicht nur den Ausgangspunkt für alle Nationalstraßen von und nach Madrid, sondern ist auch ein wichtiger Verkehrsknotenpunkt: Sechs große Hauptstraßen der Stadt treffen an diesem Platz aufeinander.

Zara, Calle Carretas 6 und 10. Zara ist ein Einkaufsparadies für Männer, Frauen und Kinder. Hier können Sie sich zu äußerst günstigen Preisen von Kopf bis Fuß nach der neuesten Mode einkleiden.

COLIBRI GEHEIMTIPP **Casa de Diego**, Puerta del Sol 12. Hier kauft die Madrider Damenwelt die gleichermaßen schönen und nützlichen **„abanicos"**, die spanischen Fächer ein. Die Casa de Diego führt sie in allen Farben und Formen. Dieses typisch spanische Accessoir ist in der heißen Jahreszeit unerlässlich. Es gibt sie in allen Preiskategorien – angefangen bei 400 Peseten, nach oben sind keine Grenzen gesetzt. (D3)

Real Academia de Bellas Artes de San Fernando 18

Königliche Akademie der Schönen Künste

ℹ️ Calle de Alcalá 13, bei Puerta del Sol und der Gran Vía, Di-Fr 10-19 Uhr, Sa, So und Mo von 9-14 Uhr geöffnet, Telefon 5 22 14 91, Buslinien: 3, 5, 20, 51 und 52, U-Bahnhof Sol, Metro 1, 2 und 3, U-Bahnhof Sevilla, Metro 2.

Gegründet wurde die Real Academia de Bellas Artes de San Fernando 1710 von **König Karl III.**, der auch das Attribut „der beste Bürgermeister Madrids" genoss. Dieser kaufte den Palast, der vorher dem **Financier Goyeneche** gehörte und 1724 von **José Churriguera** entworfen wurde.

Im Auftrag des Königs veränderte der Architekt **Juan de Villanueva** den barocken Bau nach klassizistischen Vorstellungen.

In der Königlichen Akademie für Malerei, Bild-hauerei und Architektur waren viele berühmte Künstler beheimatet: **Goya**, der der Akademie als Direktor vorstand, **Picasso** und **Dalí**, die hier ihre Studien betrieben. Doch die Akademie ist nicht nur als Ausbildungsstätte von Bedeutung, sondern auch aufgrund ihrer Ausstellungen. Den Grundstock des Bildbestandes erhielt man bereits 1767 durch beschlagnahmte Kunstwerke, die Karl III.

von den Jesuiten einforderte, als er sie des Landes verwies.

Ein weiterer Teil geht auf Schenkungen von Professoren zurück, die für die Akademie tätig waren.

Zu den herausragendsten Werken zählen die Zeichnungen von **Raffael** und **Tizian** sowie Gemälde von **Goya** und weiteren spanischen Künstlern wie **Zurbarán**, **Ribera** und **Murillo**.

🍴 **Azúcar,** P° Reina Cristina 7 (Atocha), Tel. (91) 5 01 61 07. Hier kann man den bereits erlernten Merengue oder einfach Salsa tanzen. Gut gelaunte Tanzpartner werden sicherlich nicht fehlen. An verschiedenen Tagen wird auch packende Livemusik geboten.

Das „Metropolis" an der Calle de Alcalá

Viele Kneipen schmücken ihren Eingang mit Kacheln

Pachá, Barceló 11, Tel. (91) 4 47 01 28, geöffnet von 0.30-6 Uhr. Eintritt 2.000 ptas. Eine der alteingesessenen Diskotheken Madrids, die aber nach wie vor ihre magische Anziehungskraft ausübt. Allnächtlich treffen sich hier die Schönen der Metropole. Ein „Muss" für eine lange Ausgehnacht.

Archy, Marqués de Riscal 11, Tel. (91) 3 08 31 62. Noble Diskothek mit dazugehörigem Nouvelle-Cuisine Restaurant.

El Sol, Jardines, 3, Tel. (91) 5 32 64 90. Hier wird Musik aus den 20er Jahren gespielt. Es gilt als eine der besten Kneipen dieser Musikrichtung. Keinesfalls darf man sich einen Besuch

entgehen lassen. In angenehmer, ein wenig dekadenter Atmosphäre tanzen Einheimische und Touristen die ganze Nacht lang. Von Zeit zu Zeit finden hier Rockkonzerte statt.

Real Monasterio de las Descalzas Reales 19

Barfüßigen-Kloster

ℹ️ Plaza de las Descalzas Reales, 3, Tel. (91) 5 59 74 02. Di-Sa von 10.30-12.30 Uhr und von 16-17.30 Uhr, So und feiertags von 11-13.30 Uhr geöffnet. Mo geschlossen. Buslinien 44, 75, 133, 146 und 147. U-Bahnhof Sol, Metro 1, 2 und 5, U-Bahnhof Callao, Metro 3 und 5. Fresken an Decken und Wänden, Sammlungen von

Gemälden, Wandteppichen, religiösen Statuen, Reliquien und liturgischen Gegenständen. Dieses Kloster der Königlichen Barfüßigen wurde 1554 von der **Prinzessin Johanna von Österreich**, der jüngsten Tochter **Kaiser Karls V.**, gegründet. Als 19 Jahre alte Witwe nach Madrid zurückgekehrt, zog sie sich in die Abgeschiedenheit des Klosters zurück. Den Umbau ihres Geburtshauses, des ehemaligen Palastes des kaiserlichen Schatzmeisters, in einen Nonnenkonvent mit angeschlossener Kirche übernahmen die Baumeister **Antonio Sillero** und **Juan Bautista de Toledo** (1556-64). Dies ist eines der wenigen Bauwerke aus dem 16. Jahrhundert, das Madrid bis heute erhalten blieb.

Im Laufe der Jahrhunderte legten viele Aristokratinnen in diesem Kloster ihr Gelübde ab. Einigen Habsburgerinnen – beispielsweise der **Kaiserin Maria von Österreich** und der **deutschen Prinzessin Anna Maria** – diente es als Residenz. Das erklärt die außergewöhnlich große Anzahl an Kunstwerken, die von den Habsburgerinnen zusammengetragen wurde: Neben Wandbehängen von **Rubens**, etwa „**Triumph der Eucharistie**", Gemälden von **Tizian** wie „**Der Zinsgroschen**" und **Pieter Brueghels** „**Anbe-**

tung der **Heiligen Drei Könige**" ist vor allem die prächtige Sammlung religiöser Kunst hervorzuheben. Seit 1960 ist das heutige Museum der Öffentlichkeit zugänglich.

Xenón, Plaza Callao 3 Tel. (91) 5 31 97 94. Die ganze Woche hindurch herrscht in dieser Diskothek eine phantastische Stimmung. Bei **heißen Rhythmen** tanzt ein bunt gemischtes Publikum bis zum Morgengrauen um danach in einer nahegelegenen Bar das obligatorische **Chocolate con churros** genüsslich zu sich zu nehmen.

San Antonio de los Alemanes 20

Kirche hl. Anton der Deutschen

Calle de la Puebla 22, hinter der Gran Vía gelegen, an der Ecke zwischen der Corredera Baja de San Pablo und der Calle de la Puebla, täglich 10.15-11.45 Uhr und 18-20 Uhr, U-Bahnhof Callao, Metro 3 und 5.

Neben dem 1607 errichteten portugiesischen Krankenhaus, das später von Königin Maria Anna von Österrreich an die Deutschen übergeben wurde, entstand in den Jahren zwischen 1624 und 1633 die Kirche San Antonio de los Alemanes. Das dem heiligen Antonius geweihte Gotteshaus erhielt später den Beinamen „de los Alemanes" – der Deutschen.

Die Bauarbeiten leitete der Architekt **Francisco**

Seseña nach Vorgaben des Jesuitenpaters Pedro Sanchez. Eine unscheinbare graue Fassade ist das Resultat einer Neugestaltung aus dem ausgehenden 19. Jahrhundert.

Die elliptische Vorhalle wird von einem großen, ovalen Gewölbe überkuppelt und ist vollständig mit Fresken von **Luca Giordano** ausgestattet. Anhand dieser pompösen Wandverzierung wird der große Einfluss, den die Herrscher in der damaligen Zeit auf die Kirche ausübten, bildlich dargestellt.

Francesco Ricci und Juan Carreno dekorierten das Deckengewölbe mit einem riesigen Gemälde. Über den Seitenaltären befinden sich Medaillons mit den Bildnissen der

Das Cervantes-Denkmal auf der Plaza de España

Eine Hausfassade im Jugendstil

letzten Habsburger. Die Kirche ist am Sonntag auch zur 12-Uhr-Messe der Öffentlichkeit zugänglich.

Kirche St. Markus

ℹ️ Calle de San Leonardo 10, hinter der Plaza de España und der Gran Vía gelegen, U-Bahnhof Plaza de España, Metro 6.

Die Iglesia de San Marcos ist eines der prächtigsten Bauwerke des Architekten **Ventura Rodríguez** und des ganzen Madrider **Spätbarocks**. Sie wurde zwischen 1749 und 1753 errichtet, zur Erinnerung an den Sieg **Philipps V.** bei **Almansa**. Im Gegensatz zu anderen Madrider Kirchen, die be-

vorzugt aus Granitquadern gebaut wurden, ist San Marcos aus Backstein errichtet, der mit Stuck verkleidet wurde.

Fünf ineinander übergehende Ellipsen, dessen größte von einer riesigen Kuppel überspannt wird, formen den Grundriss. Die Fresken des Kuppelgewölbes fertigte **Luis González** an, die bildhauerischen Elemente stammen von **Juan Pascual de Mena**, **Robert Michel** und **Felipe Castro**. Auf dem Hochaltar kann man eine Statue des Kirchenpatrons **San Marcos** bewundern.

Zu beachten ist, dass die Kirche nicht zu jeder Zeit zugänglich ist, sondern die Öffnungszeiten sich nach den Gottesdiensten richten.

Kirche hl. Placidus

ℹ️ Calle de San Roque 9, nördlich der Gran Vía gelegen, täglich 10-12 Uhr und 16-18 Uhr, Sa geschl., U-Bahnhof Callao, Metro 3 und 5.

Das ehemalige **Benediktinerinnenkloster** wurde von **Fray Lorenzo de San Nicolás** zwischen 1641 und 1661 erbaut. Gegründet wurde es 1623 von **Doña Teresa Valle de la Cerda**, nachdem sie den Heiratsantrag **Don Jerónimo Villanuevas** zurückgewiesen hatte und sich der Religion verschrieb. Die Kirche besteht aus nur einem einzigen Schiff. Sein Kreuzbogen bedeckt eine Kuppel, die mit den Zeichen verschiedener Militärorden dekoriert ist.

Das eher unscheinbare Portal zieren die Wappenschilder des Don Jerónimo Villanueva und ein Relief, auf dem Mariä Verkündigung dargestellt ist. Trotz der Entscheidung Doña Teresas zu seinen Ungunsten, stellte er die erforderlichen Mittel zur Verfügung. Auf dem Hauptaltar ist das Bild **„Verkündigung"** des Malers **Claudio Coello** aus dem Jahre 1668 zu bewundern.

Das „Metropolis" bei Nacht im Lichterglanz

MADRID
Retiro

200m

1 Estación Atocha

2

3

4

5 Casado Alisal

6

7

9

10

11

12

C. Valenzuela

Pl. Nicaragua

Po. de la Argentina

Estanq

Paseo del Prado

Calle de Ruiz de Alarcón

Calle de Alfonso XI

Calle de Alfonso XII

Paseo de Recoletos

C. Academia

Paseo de San Pablo

C. Morello

La Chopera

Po. Murillo Rojas Clemente

Paseo del Prado

Paseo de Duque Fernán N

Claudio Moyano

Ronda de Atocha

Av. de la Ciudad de Barcelona

Calle de Méndez Álvaro

Calle

de

Paseo de la Repúbl

Pa

Po

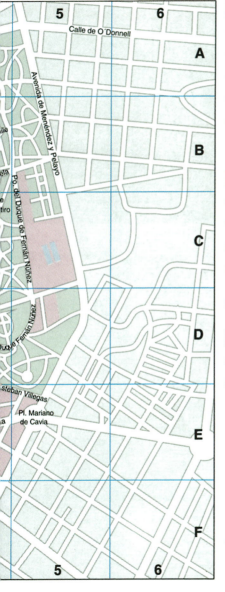

—— Vorschlag für einen Rundgang zu den interessantesten Sehenswürdigkeiten

Briefkästen an der Hauptpost

Bei einem Rundgang durch diesen Stadtteil lernt man einen Bezirk kennen, der eine Vielzahl an Sehenswürdigkeiten und Museen aufweist.

Das Viertel stellt ein Musterbeispiel für die rege Bautätigkeit der Zeit der **Bourbonen** dar. Dazu gehört vor allem das **Prado-Museum**, eine obligatorische Sehenswürdigkeit für jeden Besucher Madrids.

Estación de Atocha   1

Atocha-Bahnhof

i Plaza del Emperador Carlos V., bildet den südlichen Abschluss des Paseo del Prado, Avenida Ciudad de Barcelona, U-Bahnhof Atocha Renfe, Metro 1, Tel. (91) 5 27 31 60.

Den Namen verdankt der kleine Bahnhof dem Dominikanerkloster **Nuestra Señora de Atocha**, das im 16. Jahrhundert gegründet wurde.

Als 1851 der Zugverkehr aufgenommen wurde, stellte sich der Bahnhof noch sehr klein und bescheiden dar, doch zwischen 1889 und 1891 entstand unter der Leitung des Architekten **Alberto del Palacio Elissague** die jetzige pompöse Eisen-Glas-Stahl-Konstruktion, die eine weitläufige Halle umschließt.

★ Fuente de Apolo   2

Apollobrunnen

i Direkt am Paseo, im oberen Drittel der Straße gelegen, am U-Bahnhof Banco de

España/Atocha, mit Metrolinien 1 und 2.

Der Apollobrunnen thront auf einem hohen Sockel, umgeben von den **vier Jahreszeiten**.

Die Anlage wurde 1777 von den Bildhauern **Alfonso Giraldo Vergaz** und **Manuel Alvarez** fertig gestellt, die sich an den Plänen des Architekten **Ventura Rodríguez** orientierten. Direkt an den Brunnen schließt sich die **Plaza de la Lealtad** an. Mittelpunkt des Platzes ist der **Dos-de-Mayo-Obelisk**, der 1839 von **Isidro González Velazquez** zum Gedenken an die Opfer des Aufstandes vom 2. Mai 1808 dort errichtet wurde.

Im Prado Museum

★ Fuente de Neptuno 3

Neptunbrunnen

ℹ️ In der Nähe der Casa Lope de Vega, direkt am Paseo del Prado gelegen, U-Bahnhof Banco de España / Atocha, Metro1 und 2.

1782 kreierte der Bildhauer **Juan Pascual de Mena** den sehenswerten Neptunbrunnen aus edlem weißen Montesclaro-Marmor. Im Zentrum des Brunnens erhebt sich Neptun, der **Meeresgott**, aus den Fluten, mit Dreizack und Wasserschlange in den Händen. Sein Karren in Schneckenform wird von zwei Seepferdchen gezogen. Entworfen hat die Fuente der Architekt **Ventura Rodríguez**.

★ Jardín Botánico 4

Botanischer Garten

ℹ️ Plaza de Murillo 2, schließt sich direkt an den südlichen Teil des Museumskomplexes an, täglich 10-18 Uhr, oft auch Sonderausstellungen, Telefon 4 20 30 17 und 5 85 47 00, U-Bahnhof Atocha, Metro 1, Buslinien 9, 10, 14, 27, 37 und 45.

Der botanische Garten wurde 1781 von **Karl III.** in Auftrag gegeben und von **Juan de Villanueva** im klassizistischen Stil der Epoche angelegt. Auf acht Hektar Gesamtfläche wurden **30.000 Pflanzen** auf drei Terrassen verteilt und in geometrischen Mustern angeordnet. In der Bibliothek, auf der höchstgelegenen Terrasse liegen die Aufzeichnungen des berühmten südamerikanischen Botanikers **Celestino Mutis**. Weltweite Bedeutung erlangte der Jardín Botánico durch seine Sammlung getrockneter lateinamerikanischer Pflanzen, deren Besichtigung allerdings Fachleuten vorbehalten ist. Bis 1965 wurde hier ein schöner Brauch gepflegt: Auf einen alten Erlass hin teilte man hier täglich eine Stunde lang Heilkräuter an die Armen und Bedürftigen aus. Die Gitter, Tore und das alte Gewächshaus von Juan de Villanueva sind klassizistisch.

★ Jerónimo el Real 5

Kirche hl. Hieronymus

ℹ️ Calle de Moreto 4, in unmittelbarer Nähe der Real Academia Española de la Lengua gelegen, tgl. 8-13 Uhr und 19-20 Uhr, U-Bahnhof Banco de España, Metro 2.

Die Kirche des **heiligen Hieronymus** wurde unter **Philipp II.** (1556–98) von einem prunkvollen Palastbezirk umgeben. Auf diese Weise rückte sie in den politischen Wirkungskreis des Hofes: Im Kircheninneren vereidigte man die spanischen Erbprinzen als Thronanwärter. Nachdem die Kirche während der französischen Besatzung völlig zerstört worden war, dauerten die Restaurierungsarbeiten über 100 Jahre an. Mit der Errichtung der Treppe – anlässlich der Hochzeit **Alfons XIII.** im Jahr 1905 – waren sie beendet.

★ Museo del Prado 6

Prado-Museum

ℹ️ Paseo del Prado, umfasst circa ein

Brunnen im Retiro

Viertel der gesamten Promenade, Tel. (01) 4 20 28 36, täglich von 9-19 Uhr, Mo geschlossen. U-Bahnhof Banco de España, Metro 2, U-Bahnhof Atocha, Metro 1, Buslinien: 9, 14, 19, 27, 37 und 45.

In einem von Juan de Villanueva im 18. Jh. geschaffenen Bau ist das Prado-Museum untergebracht. Es zählt zu den bedeutendsten Pinakotheken der Welt. Werke von Velázquez, Goya, El Greco, Zurbarán, Ribera, Ribalta, Tizian, Rafael, Botticelli, Frau Angélico, Rubens, Hieronymus Bosch, Van der Weyden, Poussin, Lorena, Watteau, Rembrandt, Dürer, Mengs und anderen Künstlern.

Das Prado-Nationalmuseum beherbergt die beste Sammlung spanischer Meister, der weltberühmten Genies der Malerei El Greco, Velázques, Goya, und der großen Künstler des Goldenen Zeitalters, Ribera, Zurbarán und Murillo. Ebenso ist flämische Malerei mit den besten Werken von van der Weyden und Hieronymus Bosch zu sehen sowie italienische Kunst mit der vollständigsten Sammlung von Werken Tizians und anderer Maler der Venezianischen Schule, die ein einziges Museum besitzt. Auch die deutsche, französische und englische

Am Prado Museum

Kunst ist mit erstklassigen Werken, wenn gleich nicht ganz so zahlreich, vertreten.

Eintrittspreise: 500 ptas, Studenten 250 ptas, Eintritt frei: Sa ab 14.30 und So. Rentner ab 65 Jahren, Kinder und Jugendliche unter 18 Jahren. Gruppen- und Schulbesuche unter Voranmeldung: Information und Reservierung: Telefon: (91) 4 20 06 70

Das Museum verfügt ebenfalls über eine Buchhandlung, einen Shop, eine Cafeteria und ein Restaurant. Die Cafeteria und das Restaurant sind Di -Sa von 9.30-8 Uhr, So und feiertags von 9.30-13 Uhr geöffnet.

Museo Thyssen-Bornemisza, Paseo del Prado, 8 (ist im Villahermosa-Palast untergebracht), Tel. (91) 4 20 39 44, (91) 3 69 01 51 Di -So von 10-19 Uhr geöffnet, Mo geschlossen. Buslinien: 9, 10, 14, 27, 34, 37 und 45,

U-Bahnhof: Banco de España, Metro 2.

Die Sammlung reicht von frühen flämischen Werken bis zu solchen der zeitgenössischen Avantgarde: Über 800 Gemälde und Skulpturen, Schnitzereien, Gobelins und andere Objekte.

Mit der Eröffnung des Museums Thyssen-Bornemisza wird die Prado-Sammlung auf einmalige und wundervolle Art und Weise ergänzt. Was nicht im Prado zu finden ist, befindet sich im Thyssen. Diese vollkommene Ergänzung beginnt schon bei den frühen italienischen Meistern: Im Prado ist das Meisterwerk des Frau Angélico, die Verkündigung, zu bewundern. Im Thyssen-Museum gibt es eine umfangreiche und bedeutende Sammlung derselben Epoche. Auch die deutsche Renaissance und die niederländische Malerei des 17. Jh., im Prado nur selten vertreten, sowie die nordamerikanische Malerei des 19. Jh., in Spanien bis dahin nicht zu sehen, sind im Thyssen-Museum vorhanden und tragen zu einer idealen Ergänzung bei. Der Impressionismus, mit dem die Moderne einsetzte und der bisher nicht in spanischen Museen vertreten war, der deutsche Expressionismus, der russische Konstruktivismus, die Geometrische Abstraktion und die Pop Art bilden im Thyssen-Museum die kontinuierliche Fortsetzung der Kunstgeschichte.

Direkt an das Museum ist ein Shop, eine Buchhandlung, eine Cafeteria und ein Restaurant mit Selbstbedienungsrestaurant angeschlossen. Sowohl Cafeteria als auch Restaurant sind von 10 - 18.00 Uhr geöffnet.

Casón del Buen Retiro, Alfonso XII, 28, Tel. (91) 4 20 26 28, Di-Sa von 9-18.45 Uhr, So und Feier-

tags von 9-13.45 Uhr geöffnet. Mo geschlossen. Buslinien: 10, 14, 19 und 27, U-Bahnhof: Banco, Metro 2, U-Bahnhof: Retiro, Metro 2, U-Bahnhof: Atocha, Metro 1. Sammlung spanischer Gemälde und Skulpturen aus dem 19. Jh.

★ **Observatorio Astronómico Nacional 7**

Sternwarte

ℹ️ Puerta del Pacifico, auf dem höchsten Punkt des Parque del Retiro gelegen, Alfonso XII, 3, Tel. (91) 5 27 01 07, Mo-Fr von 9-14 geöffnet, Sa, So und feiertags geschlossen. Buslinien 10, 14, 19, 26, 32, 37, 54. U-Bahnhof Atocha, Metro 1.

Die Sternwarte wurde im Auftrag **Karls III.** erbaut, um eine größere Verbreitung der Wissenschaften zu erzielen. Der Rundbau stellt eines der schönsten Beispiele für den **Madrider Klassizismus** dar.

Korinthische Säulen und eine herrliche Kuppel, die den oberen Tempel und die darin befindlichen astronomischen Geräte umspannt, lassen die von Villanueva errichtete Sternwarte schon rein äußerlich zur Sehenswürdigkeit werden.

★ **Parque del Retiro 8**

Retiro-Park

ℹ️ Plaza de Independencia, östlich des Paseo del Prado gelegen und von den Straßen Calle de Alcalá, Calle de Alfonso XII. und Calle de Menéndez begrenzt.Buslinien 1, 2, 19, 20, 28, 61, 63, 74 und 146, U-Bahnhof Retiro, Metro 2, U-Bahnhof Menéndez Pelayo, Metro 1.

In früheren Tagen erlangte der Parque del Retiro als Schlosspark, der zur Zeit **Philipps II.** (1556-98) angelegt wurde, große Bedeutung. Als **Philipp IV.** 1632 seinem Günstling **Herzog Olivares** die Anlage übergab, wurde sie zum Schauplatz luxuriöser Hofveranstaltungen wie Stierkämpfe, Hofbälle und Theateraufführungen. Er wurde im 17. Jh. auf Anordnung von Philipp IV. als Erholungsgebiet für die königliche Familie auf einem 150 ha großen Gelände angelegt. Der Retiro umfasst über 15.000 Bäume. Die verschiedenen Gartenzonen

Im Retiro-Park

sind mit bedeutenden Monumenten geschmückt. Nach dem Ausbau des **Paseo de Prado** rückte der Park in Zentrumsnähe, gelangte in den Besitz der Kommune und wurde dem Volk zugänglich gemacht.

Die Hauptattraktionen des heutigen Parque del Retiro stellen der **See** (Estanque), die monumentale Reiterstatue des **Königs Alfons XII.** des Bildhauers **Mariano Benlliure Gil**, der **Rosengarten** (Rosaleda), der im französischen Stil angelegte **Jardín de Don Cecilio** und der **Kristallpalast** dar.

Der **Palacio de Cristal** wurde 1887 speziell für eine Ausstellung von exotischen Pflanzen konstruiert. In dem eindrucksvollen Gebäude aus Glas und Eisen, aber auch in den übrigen Anlagen, finden auch heute noch regelmäßig Kunstausstellungen statt. Von der pompösen halbkreisförmigen Säulenhalle aus kann man eine herrliche Aussicht auf die Stadt genießen. Im Retiro-Park, Tel. (91) 5 74 66 14, Mo-So von 10-18 Uhr geöffnet. Buslinien 19, 20, 28 und 146. U-Bahnhof: Retiro, Metro 2.

Der Parque del Retiro ist eine Oase der Ruhe und des Friedens inmitten dieser Großstadtmetropole. Er

Auf dem Paseo del Prado

ist deshalb bei den Madrilenen sehr beliebt um sich sportlich zu betätigen, spazieren zu gehen oder um einfach in einem der Cafés im Freien eine köstliche **Granizada** (Zitronengetränk) oder **Horchata** (Mandelmilch) zu trinken.

Paseo del Prado   9

Prado-Promenade

Verbindungsstraße zwischen der Plaza de la Cibeles und der Plaza del Emperador Carlos V., U-Bahnhof Banco de España, Metro 2, U-Bahnhof: Atocha, Metro 1 Buslinien: 9, 14, 19, 27, 37 und 45.

Der Paseo del Prado fungierte schon im Mittelalter als Promenade und Versammlungszent-

rum. Außerhalb des Zentrums gelegen, bot er alle Voraussetzungen eines angenehmen Aufenthaltsortes: Vielfältiger Baumbestand und Nutzgärten zierten die Prachtstraße. Auch im Laufe des 17. Jhs. blieb der beschauliche Charakter des Paseo erhalten, doch kaum 100 Jahre später ließ **Karl III.** ihn als **„Salón del Prado"** zum sichtbaren Ausdruck einer aufgeklärten Epoche werden. An dieser Stelle wurden ein wissenschaftlicher und ein kultureller Bereich geschaffen, in dem Nutzen, Schönheit und Vergnügen zu einer harmonischen Einheit verschmolzen. Die Umsetzung des Projekts übernahmen die Architekten **Juan de Villanueva** und **Ventura Rodríguez** in den Jahren 1775–82. Monumentale

Brunnen, insbesondere der **Apollo-**, **der Cibeles-** und der **Neptunbrunnen** fallen zu beiden Seiten der Promenade ins Auge. Auf der Seite des Paseo del Prado, die dem Parque del Retiro zugewandt ist, befinden sich mehrere Gebäude, in denen einst Forschung betrieben wurde. Auf diese Weise entstanden der **Botanische Garten** und das **Naturkundemuseum**, das heutige **Museo del Prado**. Beide Anlagen gehen auf Entwürfe Juan de Villanuevas zurück.

Plaza de la Cibeles 10

Kybeleplatz

Paseo del Prado, bildet das nördliche Ende der Promenade, U-Bahnhof Banco de España, Metro 2.

Die Plaza de la Cibeles ist einer der berühmtesten und schönsten Plätze der Stadt. **Fuente de Cibeles**, der Brunnen mit einer Statue der griechischen **Muttergöttin Kybele** auf einem Wagen, der von Löwen gezogen wird, bildet das Zentrum des Platzes. Die **Fruchtbarkeitsgöttin** ist eines der **Wahrzeichen der Stadt**. Der Brunnen wurde von **Karl III.** als krönender Abschluss für den **Salón del Prado** in Auftrag gegeben und von **Ventura Rodríguez** entworfen. Die Löwen und die Frauenstatue gestalteten die Bildhauer **Robert Michel** und **Francisco Gutiérrez**.

Darüber hinaus bietet die Plaza aufgrund der hier aufeinander treffenden Prachtstraßen und Promenaden, der Calle de Alcalá, des Paseo del Prado und des Paseo de Recoletos, eine der schönsten Perspektiven Madrids. Repräsentative Bauwerke sind um die Plaza herum angesiedelt, von denen vier besonders erwähnenswert sind. Die Spanische Zentralbank, **Banco de España**, wurde 1874 als einzige Notenbank des Landes gegründet. Verantwortlich für das Projekt zeichneten sich **Eduardo Adaro** und **Severiano Sáinz de Lastra**, die sich bei der Errichtung von italienischen und französischen Palästen inspirieren ließen. Heute beherbergt die Bank ein Museum, in dem besonders die **Goya-Sammlung** hervorzuheben wäre.

Wie aus Zucker gegossen wirkt der **Palacio de**

Cybele-Brunnen bei Nacht

Communicaciones, das Hauptpostamt Madrids. Errichtet wurde es in den Jahren 1905 bis 1917 von den Architekten **Antonio Palacios** und **Julián Otamendi**. Die beeindruckende Fassade brachte dem Palacio den Beinamen „**Nuestra Señora de las Communicaciones**" (Unsere liebe Frau von der Post) ein, mit dem der Stolz über die unübertroffene Pracht des Monumentalbaus zum Ausdruck gebracht werden soll.

Im Nordosten der Plaza befindet sich der **Palacio de Linares**, eines der besten Beispiele für Palastarchitektur im **Neobarockstil**. Heute ist das Gebäude Sitz des Amerika-Hauses, das zur Verbesserung der diplomatischen und kulturellen Beziehungen zwischen den Ländern Lateinamerikas und Spanien eingerichtet wurde. Im vergangenen Jahrhundert spielte sich hier eine traurige Liebesgeschichte ab. Man erzählt sich von einem jungen Liebespaar, das erst kurz vor der Hochzeit von seiner Blutsverwandtschaft erfuhr. In ihrer Ausweglosigkeit beschlossen die Geschwister ihr restliches Leben im Kloster zu verbringen.

Angeblich spuken ihre Seelen noch immer im Palast herum. Gegenüber ist das **Verteidigungsmuseum** zu besichtigen,

Triumphbogen

der einstige **Palacio Buenavista**. Er wurde Ende des 18. Jahrhunderts von **Juan Pedro Arnal** als Residenz der von **Goya** porträtierten **Herzogin Cayetena de Alba** erbaut, die die Fertigstellung des Palastes jedoch nicht mehr erlebte. Später machte die Stadt Madrid den Palacio **Manuel Godoy**, dem Ministerpräsidenten, zum Geschenk.

Puerta de Alcalá   11

Alcalá-Triumphbogen

ℹ️ Plaza de la Independencia, bildet den Abschluss der Calle de Alcalá, U-Bahnhof Retiro, Metro 2.

Die Puerta de Alcalá ist zweifellos das repräsentativste und berühmteste Bauwerk Madrids. **König**

Karl III. gab den Bau des Tores in Auftrag, das zur Überwachung der Stadteingänge dienen sollte. **Francisco Sabatini** gestaltete das Tor in den Jahren 1764 bis 1778 als eine Art Triumphbogen, dessen schlichter, klassischer Stil nur durch die Skulpturen der Bildhauer **Francisco Gutiérrez** und **Robert Michel** durchbrochen wird. Das aus Granit und weißem Colmenarstein errichtete Tor besteht aus fünf Durchgängen, von denen die beiden äußeren abgeflacht und die mittleren bogenförmig sind. Während die Innenseite mit Pilastern ausgestattet ist, zieren Säulen die Außenseite der Puerta, die aufgrund ihrer monumentalen Größe und Schönheit eines der Wahrzeichen der Stadt darstellt.

Kunst und Kultur

1. Biblioteca National E 1

3. Instituto Valencia de Don Juan C 1

5. Museo Arqueológico National E 1

6. Museo de Escultura al Aire Libre C 2

Sehenswürdigkeit

7. Palacio del Marqués de Salamanca F 1

8. Plaza de Colón E 1

Erlebnis

2. Calle Serrano A-F 2

4. Las Ventas C 6

Salamanca

Skulptur an der Nationalbibliothek

Das Barrio de Salamanca, ein **exklusives Wohnviertel**, unterscheidet sich durch den Verlauf der Straßenzüge deutlich von den übrigen Stadtteilen. In nahezu quadratischer Form, wie mit einem Lineal gezeichnet, verlaufen die Straßen und bilden jeweils gleichmäßige „Kästchen". Auf diese Weise ist das Stadtviertel – im Gegensatz zum Zentrum mit seinen verwinkelten engen Gassen – sehr übersichtlich.

Ursprünglich siedelten sich hier im 16. Jahrhundert die industriellen Manufakturen an. Erst im Laufe des 19. Jhs. entfaltete der Bezirk seinen heutigen Charakter, als das gehobene Bürgertum hier seine eleganten mehrstöckigen Wohnsitze errichtete. Das gehobene Ambiente, das in Salamanca vorherrscht, die dort befindlichen **Sehenswürdigkeiten**, **Kunstgalerien**, **Bars**, **Restaurants** und **Boutiquen** machen den Stadtteil zu einem reizvollen Ausflugsziel.

Biblioteca Nacional 1

Nationalbibliothek

Paseo de Recoletos, 20, Tel. (91) 5 80 77 59, Di-Sa von 10-21 Uhr, So von 10-14 Uhr geöffnet. Mo geschlossen. U-Bahnhof Colón, Metro 4.

Die Staatsbibliothek wurde gebaut, um die Königliche Bibliothek, welche **Philipp V.** 1712 errichten ließ, zu ersetzen. Die Bauarbeiten, die 1866 unter der Leitung des Architekten **Francisco Jareno Alarcón** begonnen wurden, verzögerten sich. Da das Bauwerk anlässlich einer Gedenkfeier zu Ehren Kolumbus' fertig gestellt werden musste, übernahm **Antonio Ruiz de Salees** den Auftrag und führte ihn zügig aus.

Die Biblioteca Nacional gehört zu den bedeutendsten Bibliotheken Europas. Mit ihrem Bestand von nahezu drei Millionen Büchern und der weltweit vollständigsten Sammlung von Büchern des spanischen Schriftstellers **Miguel de Cervantes** (13 000 Titel, 800 Ausgaben des legendären Romans **„Don Quijote de la Mancha"** und über 3000 Broschüren, die in mehr als 30 Sprachen übersetzt wurden) ist sie in jedem Fall einen Besuch wert. Auch das reichhaltige Archiv beeindruckt mit seiner Vielzahl an Manuskripten, Inkunabeln, Broschüren, Drucken, Stichen und Zeitschriften.

Serrano-Straße

Calle de Serrano, führt direkt am Museo Arqueológico Nacional und an der Biblioteca Nacional vorbei, U-Bahnhof Colón, Metro 4, U-Bahnhof Serrano, ebenfalls Metro 4.

Auch der Besuch von luxuriösen Geschäften gehört zu einer vollständigen „Sightseeing-Tour" durch die Hauptstadt Madrid. Aufwändig dekorierte Schaufenster und renommierte Boutiquen säumen die Calle de Serrano, die dadurch einerseits zur Flanierzone und andererseits zum Eldorado für Madrider und Touristen avanciert. Selbstverständlich darf auf solch einer Prachtstraße ein vielfältiges gastronomisches Angebot nicht fehlen.

Centro Cubano, Claudio Coello, 41, Tel.: (91) 5 75 82 79. Dieses Lokal ist ein Geheimtipp für alle, die einmal ein außergewöhnliches Abendessen und einen Hauch von **karibischem Flair** genießen wollen. Kubanische Küche zu **Standardpreisen** und heiße **karibische Rhythmen** laden zu einem ausgiebigen Essen oder zu einem exotischen Rumcocktail an der Bar ein.

Nasti Club, San Vicente Fener, 35, Tel. (91) 4 48 99 13. Als echter Insider-Tipp gilt das Lokal Nasti Club, das erst seit kurzem besteht und schon der Lieblingstreffpunkt der Madrilenen ist. Es ist die ganze Nacht lang geöffnet, wobei nachts in der Diskothek Live-Veranstaltungen stattfinden. Der Nasti-Club ist eine echte Revolution unter den Vergnügungspalästen, Öffnungszeiten sind am Do, Fr und Sa von 23-6 Uhr.

Teatríz, Hermosilla, 15. Teatriz, Tel. (91) 5 77 53 79, im August geschlossen. Wunderbar renoviertes Theater, das heute zu einem Restaurant/Bar umfunktioniert worden ist. Seit einigen Jahren gehört es zu den angesagten „In-Lokalen" Madrids.

Valenzia-Institut

Calle de Fortuny, 43, U-Bahnhof Rubén Dario, Metro 5.

Das Museum ist in der im maurischen Stil erbauten Villa des Kunstsammlers Guillermo de Osma untergebracht. Die Sammlung beinhaltet eine Kollektion von Miniaturen, Waffen, Gobelins, Münzen, Stoffen und Juwelen.

Außerdem sind ein **Greco** und mehrere Zeichnun-

In der Fußgängerzone

Stierkampf-Plakat

hier Einblicke in die Entwicklung der Torero-Kostümschneiderei, außerdem sind Trophäen, Gemälde, Skulpturen und Fotos von historischen „Corridas" ausgestellt. Alcalá, 237 (Plaza de Toros de Las Ventas), Tel.: (91) 7 25 18 57, Di -Fr von 9.30-14.30 Uhr, So (während der Stierkampf-Saison) von 10-13 Uhr geöffnet. Mo und Sa geschlossen. Buslinien: 12, 21, 38, 53 und 146, U-Bahnhof Ventas, Metro 2 und Metro 5.

Museo Arqueológico Nacional 5

Staatliches Archäologisches Museum

ℹ️ Calle de Serrano 13, direkt an das Rückgebäude der Biblioteca Nacional anschließend, Serrano, 13, Tel. (91) 5 77 79 12, Mo-Sa von 9.30-20.30, an So und Feiertagen 9.30-14.30 Uhr geöffnet. Mo geschlossen. Buslinien: 1, 2, 9, 45, 71 und 54, U-Bahnhof: Colón, Metro 4, U-Bahnhof: Serrano, Metro 4.

Das Archäologische Museum wurde 1867 von **Isabella II.** gegründet und mit Beständen aus verschiedenen Einrichtungen Spaniens bestückt. 1874 wurde die Sammlung um die Kollektion antiker Gegenstände des **Marqués de Salamanca** erweitert. Erst 1895 wurde das Museum an seinen

gen von **Goya** ausgestellt, die sich mit Muße und relativ ungestört betrachten lassen, denn das Museo ist noch nicht überlaufen. Das Instituto ist während der Sommermonate vom 1.7.-15.9. geschlossen. Ansonsten ist eine telefonische Anmeldung erforderlich. (Tel. 4 19 87 74)

Las Ventas 4

Stierkampfarena

ℹ️ Calle de Alcalá 231, U-Bahnhof Ventas, Metro 2 und 5.

Wer an Spanien denkt, dem fällt sogleich der „Stierkampf" ein. Das faszinierende Schauspiel der „Corrida de toros" ist der Nationalsport der Spanier. Eine der bedeutendsten Stierkampfarenen der Welt befindet sich

in Madrid. Nachdem bis ins 18. Jahrhundert Stierkämpfe an der Plaza Mayor stattfanden, baute man, um dem Ansturm der stierkampfbegeisterten Madrilenen gerecht zu werden, Mitte des 18. Jahrhunderts eine Arena mit 12.000 Plätzen. Doch auch dieser Bau erwies sich bald als zu klein und so errichtete man schließlich in **Las Ventas** einen Rundbau, der 23 000 Zuschauer fasste. Jeden Sonntag von März bis Oktober finden hier Stierkämpfe statt. Karten für das Ereignis kann man sich bei den Verkaufsständen an der **Puerta del Sol** sichern. Neben der Hauptattraktion, dem Stierkampf, sollte man auch das **Museo Taurino** besichtigen, das unmittelbar neben der Arena gelegen ist. Man bekommt heutigen Standort verlegt, nachdem es jahrelang in den Räumen des **Casino de la Reina** beherbergt war. Die Ausstellung, die sich auf mehr als 40 Säle erstreckt, gibt einen umfassenden Überblick über die antiken Kulturen. Neben Kunstwerken **iberischer Bildhauerei**, einer eindrucksvollen **Münzsammlung** und der berühmten **Stein-** und **Porzellankollektion** von **El Buen Retiro** finden sich hier eine **griechische Vasensammlung**, **volkstümliche Keramik** und **Sarkophage** **griechischer** und **römischer Herkunft**. Den absoluten Höhepunkt stellt jedoch eine Reproduktion der **Höhlenmalerei von Altamira** im Vorgarten des Museums dar, die im Original aus dem 10. Jahrtausend v. Chr. stammt.

Al-Mounia, Calle de Recoleteos 5, Telefon 4 35 08 28. Ein Abend in diesem exklusiven Restaurant ist ein wirkliches Erlebnis. Die mittelscharfe bis scharfe **arabische Küche** und das ebenfalls arabische Personal und Interieur versetzen das Publikum in eine Welt mit orientalischem Flair. Die köstlichen exotischen Gerichte, vor allem **Cous-Cous**, sind genau das Richtige für den verwöhnten Gaumen.

Museo de Escultura al Aire Libre 6

Freilichtmuseum für Skulpturen

Paseo de la Castellana 38, ständig geöffnet. Buslinien: 14, 27, 45 und 150, U-Bahnhof: Núñez de Balboa, Me-

tro 2 und 9, U-Bahnhof Rubén Darío, Metro 2.

Das Freilichtmuseum, das 1971 angelegt wurde, befindet sich unter einer Brücke, die den **Paseo del Cisne** mit der **Calle de Juan Bravo** verbindet. Auf zwei terrassenförmigen Ebenen werden die Kunstwerke zeitgenössischer spanischer Bildhauer ausgestellt.
Die weltweit bekannte Skulptur „**Mère Ubu**" von **Joan Miró** kann man auf der zweiten Ebene bewundern.

Palacio del Marqués de Salamanca 7

Palast des Marquis von Salamanca

Paseo de Recoletos, in unmittelbarer Nähe des Museo Ar-

Stierkampf-Szene

Moderne Plastik auf der Plaza de Colón

queológico Nacional und der Biblioteca Nacional, U-Bahnhof Banco, Metro 2.

Eines der schönsten Gebäude am Paseo de Recoletos ist der Palacio del Marqués de Salamanca, in dem heute eine Hypothekenbank untergebracht ist. Es ist einer der beeindruckendsten Paläste, die vom aufstrebenden Bürgertum des 19. Jhs. errichtet wurden. Als Auftraggeber fungierte der **Marqués von Salamanca**, Bankier und Förderer öffentlicher Bauten. **Narciso Pascual y Colomer** setzte die Vorstellungen des Adligen in Form eines prächtigen, im italienischen Renaissancestil gehaltenen Palastes um.

La Trainera, Lagasca, 60, Tel. (91) 5 76 05 75, So und im Au-

gust geschlossen. In ungezwungener Atmosphäre trifft sich ein buntes Publikum, das gerne bereit ist, für ein gutes Essen auch etwas mehr Geld auszugeben. Die hervorragenden **Meeresfrüchte** und **Fischgerichte** sind besonders zu empfehlen.

Llongueras, Calle de Lagasca 38, Telefon 5 75 50 33. Der heiße spanische Sommer weckt bei so manchem den Wunsch nach einem freundlichen Haarschnitt. Dem netten Personal in diesem sehr guten Friseursalon mittleren Preisniveaus kann man sich getrost anvertrauen.

Il Grifone, Calle de Lagasca 62. Hier gibt es italienische Mode zum **halben Preis**. Wer

seinen Einkaufsbummel fortsetzt und durch die **Calle de Claudio Coello**, die **Calle de Serrano** und die **Calle de Lagasca** schlendert, wird zahlreiche Modeboutiquen vorfinden.

Plaza de Colón   8

Plaza de Colón, bildet die Verbindung zwischen dem Paseo de Recoletos und dem Paseo de la Castellana, U-Bahnhof Colón, Metro 4.

Das beeindruckende, drei Meter hohe **Kolumbus-Denkmal**, das der Bildhauer **Jéronimo Sunuol 1885** errichtete, dominiert die Plaza de Colón. Die einstigen Paläste und alten Häuser mussten modernen Hochhäusern weichen. Als der Kolumbusplatz 1970 um die **Jardínes del Descubrimiento de América**, in denen vier riesige Skulpturenblöcke die Entdeckungsreisen spanischer Seefahrer dokumentieren, nach Südosten hin erweitert wurde, musste das Kolumbus-Denkmal in südliche Richtung versetzt werden. Unterhalb der Gärten befindet sich das Centro Cultural de la Villa, das ein **Restaurant**, einen **Konzertsaal**, ein **Theater** sowie mehrere **Ausstellungsräume** beherbergt.

Die Kolumbussäule

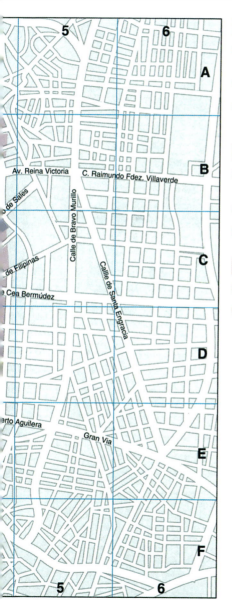

Kunst und Kultur

③ Ermita de San Antonio de la Florida E 3

④ Museo de América C 3

⑤ Museo Español de Arte Contemporáneo C 2

Sehenswürdigkeit

② Ciudad Universitaria A/B 2/3

⑥ Palacio de Liria E 4

⑧ Templo de Debod F 4

Erlebnis

① Casa de Campo E 1

⑦ Parque del Oeste D 3

Jede Menge T-Shirts

Der Stadtteil Moncloa liegt im Nordwesten Madrids und ist als **Naherholungsgebiet** bei der Madrider Bevölkerung und den Touristen gleichermaßen beliebt. Ab 1939 wurde das ganze Viertel völlig verändert, da hier das Hauptquartier der Luftwaffe erbaut wurde. Das Gebäude wird von mehreren Plätzen umgeben, die aufgrund des nahen **Universitätskomplexes** von vielen jungen Leuten bevölkert werden.

Casa de Campo 1

Campus-Park

ℹ️ Paseo de los Pinoneros, südlicher Abschluss des Stadtteils.

Die Casa de Campo ist mit ihren **1747 Hektar**
Gesamtfläche der weitläufigste Park Madrids, der größtenteils vollkommen natürlich belassen wurde und die typische Flora einer mediterranen Vegetation beherbergt. Sein Ursprung geht auf die Regierungszeit König **Philipps II.** zurück, der dieses Stück Land erwarb, um es als königliches Jagdrevier zu nutzen.

Auf Beschluss der **Zweiten Republik** ging das Gebiet 1931 in den Besitz des Staates über und wurde bald zu einem beliebten Ausflugsziel der Madrider Bevölkerung. Der Park bietet aufgrund seines reichen Angebots für **Sport- und Freizeitaktivitäten** eine vielfältige Abwechslung für kleine und große Besucher: In Sportarten wie **Schwim-**
men, **Tennis**, **Basketball**, **Fußball** und **Reiten** kann man sich hier ebenso versuchen wie im **Rudern** auf einem wunderschönen künstlichen See. Vom Paseo de Rosales können Sie mit einer Schwebebahn in den Casa de Campo Park fahren. Die Teleférico (Schwebebahn) fährt im Frühjahr und im Sommer, von 11 Uhr morgens ab. Im Herbst und Winter fährt die Schwebebahn von 12 -18 Uhr. Informationen unter der Tel. (91) 5 41 74 50. Mit der Metro 3, 4 und 6 kommt man direkt zum Paseo Pintor Rosales s/n. Man steigt jeweils an der Station Argüelles aus, und von dort fährt die Schwebebahn direkt ab.

Großer Beliebtheit erfreut sich der **Parque de Atrac-**

ciones, ein Vergnügungspark von enormem Ausmaß inmitten der Casa de Campo. Neben **Autoscootern**, **Riesenrad**, **Achterbahnen**, **Geisterbahn** und **Karussels** gibt es außerdem zahlreiche Lokale und Open-air-Restaurants. Im **Auditorium** (Rockódromo) finden häufig Rock- und Popkonzerte statt. Nicht nur für Touristen, sondern auch für viele Madrilenen ist der Vergnügungspark ein gängiger Anlaufpunkt. Er ist bis in die Nacht geöffnet, am Wochenende sogar bis 4 Uhr morgens. Tel. (91) 4 63 29 00, Buslinien: 33 und 65, U-Bahnhof: Lago, Metro 10.

Auch ein großzügig angelegter **Zoo** befindet sich in der Casa de Campo. Die Hauptattraktion stellen die **Panda-Bären** und die **Delphine** dar, aber auch andere seltene Tierarten locken viele Besucher an. U-Bahnhof Batán, Tel. (91) 7 11 99 50, täglich von 10 Uhr morgens bis zum Sonnenuntergang geöffnet.

Ciudad Universitaria 2

Universitätsgelände

ℹ Avenida Complutense, umfasst beinahe das gesamte Viertel, U-Bahnhof Ciudad Universitaria, Metro 6.

Das Universitätsgelände Madrids ist im Nord-

westen der Stadt gelegen. 1927 beauftragte **Alfons XIII.** den Architekten **Modesto López Otero** mit dem Bau des Komplexes, der die Universidad Central ersetzen sollte. In den blutigen Kämpfen des **Bürgerkriegs** wurden einige Gebäude zerstört, so dass nach 1940 ein langwieriger Wiederaufbau einsetzte. Dies ist auch der Grund für die unterschiedlichen architektonischen Stile innerhalb der einzelnen Bauten.

Im Laufe der Jahre entstanden auch Gebäude, die keine universitären Einrichtungen beherbergen. Dazu zählt vor allem der **Palacio de La Moncloa**, heutiger Regierungssitz, und der **Hochbau**, in dem früher **avantgardistische Künstler** ihre Werke ausstellten und heute

die **Glyptothek** untergebracht ist.

Ermita de San Antonio de la Florida 3

Wallfahrtskapelle des hl. Antonius

ℹ Glorieta de la Florida, 5, Tel. (91) 5 42 07 22, U-Bahnhof Príncipe Pío, Metro 6 und 10, Di-Fr von 10-14 Uhr und von 16-20 Uhr, Sa und So von 10-14 Uhr geöffnet. Mo, feiertags und in der Ferienzeit geschlossen.

Diese Wallfahrtskapelle wurde unter Herrschaft **Karls IV.** von **Felipe Fontana** im klassizistischen Stil erbaut. Von besonderer Bedeutung ist der Innenraum des Gotteshauses. **Karl IV.** beauftragte 1798 seinen Hofmaler **Francisco de**

Park in der Universitätsstadt

Goya, die Kuppel auszumalen.

Das Ergebnis war gleichermaßen beeindruckend wie schockierend für die gesamte Madrider Bevölkerung. Der Maler dekorierte die Kuppel mit Fresken, die den **heiligen Antonius** bei der Wiedererweckung eines Toten darstellen. Das Ungewöhnliche an diesen Zeichnungen war die provokante Abbildung des Publikums. Ausgelassen und fröhlich wohnt es dem Wunder bei, anstatt ehrfurchtsvoll das Geschehen zu verfolgen. Die Gesichter der Engel weisen eine verblüffende Ähnlichkeit mit prominenten Damen der Madrider Gesellschaft des 18. Jahrhunderts auf, was nach Eröffnung der Kirche Verwirrung stiftete.

Seit der Überführung der sterblichen Überreste des Künstlers im Jahre 1919 ist die Kirche zum Museum geworden und trägt den Namen **Pantéon de Goya**. Der Gottesdienst wird heute in der benachbarten Zwillingskapelle abgehalten, die man 1928 errichtete, um die wertvollen Fresken zu schützen. Spezielle Führung bei beleuchteter Wallfahrtskapelle. Die Führungen finden in den Sprachen Englisch und Spanisch statt, immer samstags (außer in den Ferienzeiten) um 11 Uhr, 11.30 Uhr und 12 Uhr.

Museo de América 4

Amerika-Museum

Avenida Reyes Católicos 6, in unmittelbarer Nähe der Ciudad Universitaria gelegen, Tel.: (91) 5 49 26 41, Buslinien 82, 83, 84 und Circular, U-Bahnhof Moncloa, Metro 3 und 6, Di - Sa von 10-15 Uhr, So und feiertags von 10-14.30 Uhr geöffnet. Mo geschlossen.

Das Amerika-Museum wurde 1965 eröffnet und beherbergt eine hochinteressante Sammlung **präkolumbianischer und hispanischer Ausstellungsstücke**, die den antiken Kulturen **Mexikos, Kolumbiens und Perus** entstammen. Man wandelt hier jedoch nicht nur auf den Spuren versunkener Städte und Zivilisationen, sondern erfährt auch einiges über den spanischen Einfluss in den Kolonien.
Besonders hervorzuheben ist der **„Schatz der**

Triumphbogen

Quimbaya-Indianer" – eine Sammlung von Gegenständen aus purem Gold, die Königin **María Cristina** von der Regierung Kolumbiens 1892 als Geschenk erhielt. Archäologische Funde wie Waffen, Mumien, Schrumpfköpfe, Zeichnungen und Steinplastiken aus der Zeit der Inkas, Mayas und Azteken runden die faszinierende Reise in die Vergangenheit ab.

U-Bahn-Schild

Museo Español de Arte Contemporáneo   5

Spanisches Museum für zeitgenössische Kunst

ℹ️ Avenida Juan de Herrera, 2, Tel. (91) 4 49 24 53, Buslinien 46, 62, 82, 83, U-Bahnhof Moncloa, Metro 3 und 6, Di-Sa von 10-18 Uhr, So von 10-15 Uhr geöffnet. Mo und feiertags geschlossen.

Das Museum, das in einem modernen Hochhausgebäude auf dem Universitätscampus untergebracht ist, beherbergt vorwiegend Kunstwerke der spanischen Künstler des 20. Jahrhunderts. Neben Skulpturen und Plastiken von Sánchez, Gonzáles, Alfaro und Oteiza, kann man rund 3000 Gemälde besichtigen.

Ausgestellt sind Werke von Picasso, Dalí, Miró, Juan Gris, Rivera und So-lana, die einen Eindruck der verschiedenen Stilepochen vermitteln. Die ausgewiesenen Rundgänge bieten einen umfassenden Einblick.

Palacio de Liria   6

Palast de Liria

ℹ️ Princesa, 20, Tel. (91) 5 47 53 02, Buslinien 1, 2, 44, 133 und Circular, U-Bahnhof Plaza de España, Ventura Rodríguez, Argüelles.

Die Gartenanlage verdeckt zunächst den Blick auf die klassizistische Fassade des Palastes. Der Palacio gehört zum Besitz der **Herzöge von Alba**, einem der reichsten und bedeutendsten Fürstenhäuser Spaniens. Der Bau wurde 1780 nach den Plänen von **Guilbert** unter der Leitung des Architekten **Ventura Rodríguez** fertig gestellt. Während des Bürgerkrieges wurde die wertvolle Kunstsammlung in die Kellerräume des Finanzpalastes überführt und entging so einer Brandkatastrophe, die das Gebäude völlig zerstörte. Der Palacio wurde nach dem Bürgerkrieg vollständig wiederaufgebaut und die Sammlung zurückgeholt. Sie setzt sich aus Gemälden, Waffen, Wandteppichen und Büchern zusammen, die im Laufe der Jahrhunderte in den Besitz der Fürstenfamilie gelangte. Der Öffentlichkeit ist der Palacio ohne Sondergenehmigung nicht zugänglich, daher sollte man sich rechtzeitig um eine Führung bemühen, die man telefonisch vereinbaren kann.

71

Debod Tempel

Die Gemäldesammlung besteht aus Werken spanischer, holländischer, englischer und französischer Künstler. Eine Hauptattraktion stellt das berühmteste Werk **Goyas** dar: das Porträt der „**Cayetana**", der dreizehnten **Herzogin von Alba**. Besuch des **Palacio de Liria** und der **Kunststiftung** nur mit Voranmeldung unter der Telefonnummer: (91) 5 47 53 02.

Parque del Oeste   7

West-Park

i Paseo del Pintor Rosales, Buslinien 21, 74 und 84, U-Bahnhof Argüelles, Metro 3, 4 und 6, U-Bahnhof Moncloa, Metro 3 und 6.

Sehenswert ist die Parkanlage des Parque del Oeste, der durch den Gartenarchitekten Cecilio Rodriguez um die Jahrhundertwende angelegt wurde. Durch die Bürgerkriegskämpfe zwischen 1936 und 39 wurde die Anlage völlig zerstört, ab 1945 begann die Wiederherstellung nach alten Plänen: Im Zuge des Neuaufbaus legte man neben Grünflächen und Bäumen einen **Rosengarten** an, der 1958 eröffnet wurde und einen besonderen Anziehungspunkt des Parkes darstellt.

Sehr beliebt ist die Promenade **Paseo del Pintor Rosales**, die sich entlang des Parkes zieht und sich bis zur **Montaña del Principe Pio** erstreckt. Von dieser Anhöhe aus, neben dem Schloss die höchste Erhebung der Stadt, hat man einen herrlichen Ausblick auf den Park, die Kirche **San Francisco el Grande** und – bei klarer Sicht – die in der Ferne liegende **Sierra de Guadorrana**. Auf der Anhöhe befand sich bis 1813 ein Palast, der durch die Unabhängigkeitskriege zerstört wurde.

Templo de Debod   8

Debod-Tempel

i Jardines del Pintor Rosales, Tel. (908) 61 45 33, Buslinien 1, 2, 44, 74 und Circular. U-Bahnhof Ventura Rodríguez, Metro 2, 3 und 10, U-Bahnhof Plaza de España, Metro 6. Di-Fr von 10-13 Uhr und von 16-19 Uhr, Sa und So von 10-13 Uh. Mo und feiertags geschlossen.

Der Templo de Debod, der aus dem 4. Jahrhundert v. Chr. stammt, wurde 1960/61 abgetragen und aus Debod, einem nubischen Dorf in Ägypten, nach Spanien transportiert. Die ägyptische Regierung machte den Spaniern den Debod-Tempel beim Bau des Assuan-Staudamms zum Geschenk, da sie sich bei einer UNESCO-Mission intensiv um die Rettung der Bauwerke im Assuan-Überschwemmungsgebiet bemüht hatten.

Campo del Moro

Aranjuez

ℹ 47 km von Madrid entfernt, Autostraße N-IV. Alle 30 Minuten Züge ab Bahnhof Atocha. Busse ab Autobusstation Sur. Von Mai bis Oktober verkehrt der Touristenzug Tren de la Fresa. Touristeninformation: Tel. (91) 8 91 04 27.

Am stilvollsten erreicht man die ehemalige königliche **Sommerresidenz Palacio Real** in Aranjuez mit der historischen Dampfeisenbahn, dem **Tren de Fresas**. Seinen Namen erhielt der Zug, da Mädchen in alten Originaltrachten während der Fahrt Erdbeeren verteilen, das bekannteste landwirtschaftliche Erzeugnis der Region rings um Madrid.

Philipp II. beauftragte 1560 den Architekten **Juan Bautista de Toledo** mit dem Bau des Sommerpalastes. Das Prunkgebäude, das im **Renaissancestil** errichtet wurde, erhielt seine jetzige Außenfassade unter dem **Bourbonenkönig Karl III.** Im Inneren des Palastes (Mi-Mo 10-13 Uhr und 15-18 Uhr, im Winter bis 17.30 Uhr) sind u.a. der Thronsaal, ein Spiegel- und Porzellansaal und der Arabische Salon zu bewundern.

Blick in den Garten von Aranjuez

Salon in Aranjuez

Die Gartenanlage rings um das Schloss setzt sich aus mehreren Einzelgärten zusammen, die einen ausführlichen Spaziergang wert sind. Hier lustwandelte bereits **Schillers „Don Carlos"**. Im **Tajo** wurde eine künstliche Insel gestaltet, an der früher die Boote der spanischen Könige anlegten.

Im **Jardín del Príncipe**, nordöstlich des Palastes, steht die **Casa del Labrador** (Haus des Landmannes). Seinen Namen verdankt das Gebäude König **Karl IV.** (1748–1819), der es liebte, sich als Landmann auszugeben. Der kleine hübsche Jagdpavillon passt sehr gut in die nach französischem Vorbild angelegte Gartenanlage. Das Innere des Schlosses ist prächtig und kostbar ausgestattet. Besonders wertvoll ist die Uhrensammlung mit Exponaten aus aller Welt. Ebenfalls im Jardín del Príncipe steht die **Casa de Marinos** (Haus der Seeleute), mit sechs königliche Barken.

Avila

ℹ Autobahn N VI bis Villacastrin, dann Landstr. 110, Richtung Avila. 107 km entfernt. Züge ab Atocha. Busse ab Paseo de la Florida, 11. Information: Tel. (920) 35 71 26

Spaniens höchstgelegene Provinzhauptstadt (1130 m) kann man als ein architektonisch geschlossenes Ensemble bezeichnen. Ihr Wahrzeichen ist der imposante

El Escorial

1563 wurde der Grundstein für das herrliche Klosterschloss in **San Lorenzo de El Escorial**, kurz El Escorial genannt, gelegt. König **Philipp II.** war der Auftraggeber, die Pläne für den gewaltigen Bau stammten von **Juan de Bautista de Toledo**. Der Anlass für den Schlossbau war der glorreiche Sieg über die französischen Truppen unter König **Heinrich II.** im Jahre 1557, am Tag des **hl. Laurentius**.

Als Baumaterial verwendete man für das 207 m lange und 161 m breite königliche Kloster weißgrauen Granit. Der Baustil stellt eine Mischung aus **italienischem Klassizismus und spanischem Barock** dar. Durch die vier Ecktürme mit ihren monoton angeordneten Fenstern erinnert der Klosterpalast stark an eine Festung.

Besonders hervorzuheben sind im Innenraum der Klosterkirche die Fresken von **Luca Giordano**. Die Vierungskuppel, die die Kirche überwölbt, lässt reichlich Tageslicht in das Innere des Gotteshauses, wobei interessante Lichteffekte auftreten. Auf beiden Seiten des Hochaltars befinden sich zwei Skulpturengruppen, die **Karl V.** und **Philipp II.** mit ihren Familien abbilden.

Befestigungswall, der bereits 110 n. Chr. errichtet wurde. Bei einem Rundgang durch die engen Gassen erlebt man ihr mittelalterliches Flair. Die meisten Kirchen und Profanbauten entstanden im 14. und 15. Jahrhundert, wirtschaftlicher Aufschwung bedingte zahlreiche Investitionen. Der Bau der **Kathedrale San Salvator**, eine der ältesten gotischen Kirchen Spaniens, begann bereits 1135, fertig gestellt wurde sie jedoch erst 1500. Sie ist in den Stadtmauerring einbezogen und wirkt fast wie eine Festungsanlage. Durch die lange Bauzeit vereinigt sie verschiedene Stilelemente, neben gotischen Grundzügen finden sich romanische und barocke Einflüsse. Im Inneren sind das Marmorgrabmal

des Bischofs Alonso de Modrigal und der Domschatz mit der Monstranz von Juan da Arfe sehenswert. Einen Besuch lohnen ebenfalls die **Basilika San Vicente**, das **Dominikanerkloster** Santo Tomás, sowie das **Karmeliterinnen-Kloster** La Encarnación und die **romanische Kirche** San Petro. Einen Gesamteindruck von der Stadt erhält man vom **Aussichtspunkt Los Cuatro Postes** (Straße nach Salamanca).

El Escorial

ⓘ ca. 60 km nordwestlich von Madrid im Ort San Lorenzo de El Escorial. Stadtausfahrt über die Autostraße N-VI. Züge ab Atocha, Príncipe Pío und Chamartín. Touristeninformation: Tel. (91) 8 90 15 54.

Plaza de Toros

Gotisches Fenster in Segovia

Unter der Kirche haben viele spanische Könige und Königinnen ihre letzte Ruhe gefunden, wie **Isabella II.** und **Karl V.** In der Sakristei sind wertvolle Gemälde, u.a. von **Ribera**, **Giordano und Tizian** zu bewundern. In der gut sortierten Bibliothek, im zweiten Stock an der Südseite gelegen, werden wertvolle Schriften, Dokumente und Bücher aufbewahrt. Neben über 40 000 Büchern sind hier u.a. Briefe des deutschen Kaisers **Konrad II.** ausgestellt.

Im Gemäldemuseum des Königspalastes, das früher zum privaten Wohnbereich **Philipps II.** gehörte, sind wertvolle und berühmte Werke, wie z. B. **El Grecos „Martyrium des hl. Mauritius und die Legion The-** **bens"** zu sehen. Ferner zeigen weitere Säle Bilder von **Tintoretto**, **Tizian**, **Rubens**, **van Dyck und Guercino**.

Einen kleinen Abstecher wert sind die hübsch angelegten **Jardínes del Príncipe** (Prinzengärten), die südöstlich des Königspalastes liegen. Besonders beeindruckend sind die mächtigen Mammutbäume, die Jahrhunderte alt sind.

Von dem kleinen Berg, der sich ca. 4 km südlich der Schlossanlage befindet, kann man sich einen hervorragenden Überblick über die gesamte Klosteranlage des El Escorial verschaffen. Von hier aus hat auch König **Philipp II.** den Blick auf sein Schloss genossen und das Fortschreiten der Bauarbeiten verfolgt. Daher heißen die Felsen **Silla de Felipe II** (Sessel Philipps II.).

El Pardo

ca. 15 km nordwestlich der Stadt gelegen, Di-Sa 10-12.15 Uhr und 15.30-18 Uhr, So, feiertags 10-13 Uhr.

In dem Gebiet um El Pardo gab es früher zahlreiche Rehe und Hirsche. Spaniens Könige frönten hier ihrer Jagdleidenschaft und feierten in dem Jagdhaus **Heinrichs IV.** rauschende Feste.

Nach mehreren wechselnden Eigentümern, die jeweils bautechnische Veränderungen an dem Palast durchführen ließen, wurde das Schloss El Pardo ab 1772 von dem Hofarchitekten **Karls III.**, **Francisco Sabatini**, vergrößert. Der letzte Hausherr des malerisch gelegenen Palastes war der Diktator Franco, der hier bis zu seinem Tod im Jahre 1975 lebte. Danach wurde das Gebäude in ein Museum umgewandelt (Museo Nacional) und somit der Öffentlichkeit zugänglich gemacht. Zu sehen ist eine eindrucksvolle Sammlung von wertvollen Wandteppichen, die zum Teil nach Entwürfen von **Goya** angefertigt wurden.

Die westlich des Schlosses liegende Kirche **Santo Cristo del Pardo** zählt zu den beliebtesten Wallfahrtsorten des Landes. Verehrt wird hier eine in einem Glasschrein liegende Skulptur Jesu Christi, 1615 von dem Bildhauer **Gregorio Fernández** aus Holz angefertigt.

Segovia

ℹ️ ca. 90 km nordwestlich der Stadt gelegen. Zug von der Estación de Atocha bis Haltestelle Segovia, mit dem Bus von der Empresa La Sepulvedana.Uber die N-VI 87 km von Madrid entfernt. Züge ab Atocha. Busse ab Paseo de la Florida, 11. Information: Tel. (921) 46 03 34.

Das rund 70 000 Einwohner zählende Städtchen, auf einem etwa 100 m hohen Hügel malerisch zwischen den Flüssen Eresma und Clamores gelegen, ist unbedingt einen Besuch wert. Unter **römischer Herrschaft** wurde die monumentale Wasserleitung (**Aquädukt**) aus Granitsteinen erbaut, die für damalige Verhältnisse gigantische Ausmaße aufwies: 118 Bögen überspannen ein Tal, das ca. 750 m lang ist und das in einer Höhe von oft bis zu 30 m. Der Aquädukt, der noch voll funktionsfähig ist, bildet das Wahrzeichen der Stadt.

In der Kirche **San Justo** sind vor allem die Fres-

ken, die in sehr kräftigen Farben in das Kircheninnere gemalt wurden, hervorzuheben.

Die hoch gelegene Burganlage **Alcázar** wurde von kastilischen Königen als Sommerresidenz errichtet und konnte schon viele wichtige Ereignisse der spanischen Geschichte miterleben. **Isabella die Katholische** wurde hier zur Königin gekrönt, **Philipp II.** heiratete an diesem Ort seine vierte Frau, **Anna von Österreich**. 1862 vernichtete ein Brand große Teile der Burg, die jedoch zum Teil originalgetreu wieder aufgebaut wurden. Mühevoll, aber lohnend ist der Aufstieg auf den **Torre de Juan II.** Von hier aus genießt man eine überwältigende Aussicht auf die Stadt, die beiden Flüsse Eresma und Clamores sowie die gesamte Hochebene.

Teile der Burganlage sind für die Öffentlichkeit zu-

gänglich (tgl. 10-18 Uhr, im Sommer 10-19 Uhr). Zu besichtigen sind elf Säle und zwei Innenhöfe. Beindruckend ist die üppig **vergoldete Sternendecke** des Sala del Trono (Thronsaal). Die original eingerichteten Säle vermitteln einen Eindruck vom Leben der oberen Zehntausend des 16. Jahrhunderts.

Im Ort Segovia stellt die **Plaza del Azoguejo** den Mittelpunkt dar. In kleinen, gemütlichen Cafés lässt sich das rege kleinstädtische Leben der Einheimischen am besten beobachten. Wer etwas Zeit hat, sollte es nicht versäumen, einen Spaziergang durch die verwinkelten Gässchen der Altstadt zu unternehmen.

An der **Plaza de la Trinidad** steht die gleichnamige Kirche und markiert sehr dominant den höchsten Punkt der Altstadt. Das Gotteshaus, ganz im **spätgotischen** Stil

Segovia

Toledo

(1525–1593) von **Juan und Rodrigo Gil de Hontanón** errichtet, besitzt einen über 100 m hohen Glockenturm, der von einer Kuppel gekrönt wird.

Im Inneren der Kirche beeindrucken den Betrachter besonders die farbenprächtigen Glasfenster aus dem 16. und 17. Jahrhundert und das Chorgestühl aus dem 15. Jahrhundert. Zierde und besonderer Blickfang am Hochaltar stellt eine Madonna dar, die aus Elfenbein gefertigt ist. Im linken Seitenschiff befindet sich die bunt angestrichene Holzgruppe der „Beweinung Christi", 1571 von dem Bildhauer **Juan de Juni** geschnitzt wurde.

Im Museo Catedralico (Mo-Sa 9.30-13 Uhr und 15-18 Uhr, So und feiert. 9.30-18 Uhr, im Sommer tägl. 9-18 Uhr) innerhalb der Burganlage, nahe dem Kreuzgang, sind vor allem wertvolle Brüsseler Gobelins aus dem 16. und 17. Jahrhundert ausgestellt. Unter anderem wird das Leben der **Königin Zenobia von Palmyra** gezeigt.

Toledo

ⓘ Über die N-401 70 km entfernt. Züge ab Atocha. Busse ab Station Sur. Touristeninformation: Tel. (925) 22 08 43.

Eine der ältesten Städte des Landes wurde bereits etliche tausend Jahre vor Christi Geburt gegründet. Historisch gesicherte Daten über die Stadt beginnen im Jahre **192 v. Chr.** mit der Eroberung durch die **Römer**. Sie tauften den Ort in **Toletum** um. Von 534 bis 712 stand die Stadt unter **westgotischer Herrschaft**. 712 bis 1085 regierten die Mauren das von ihnen benannte „**Tolaitola**". König **Alfons VI.** wurde ab 1085 Regent der Stadt.

Lange Zeit war hier noch der maurische Einfluss zu spüren (**Mudejarstil**). Durch **Alfons VI.** wurde Toledo nicht nur Residenz der Könige von Kastilien, sondern auch **religiöser Mittelpunkt des Landes**. Die Stadt erlebte unter **Ferdinand III. und Alfons X.**, dem Weisen, eine geistige Blütezeit. Die politische Bedeutung Toledos verblasste, als 1559 der Sitz der Regierung nach Madrid verlegt wurde.

Heute ist die malerisch über dem Rio Tajo gelegene Stadt mit ihren 58 000 Einwohnern **Provinzhauptstadt von Neukastilien** und **Sitz des Erzbischof-Primas von Spanien**. Bekannt sind die Toledaner Stahlklingen und die berühmten Schmuckarbeiten, die ihre Wurzeln noch in maurischer Handwerkskunst haben. Die Stadt, die auf einem an drei Seiten vom **Rio Tajo** umflossenen Granitberg liegt, ist stark vom orientalischen Baustil geprägt und wurde unter UNESCO-Schutz gestellt.

Das Wahrzeichen der Stadt, die **Catedral Primada** (tgl. 10.30-13 Uhr und 15.30-18 Uhr, im Sommer bis 19 Uhr), thront auf der höchsten Stelle des Granitbergs. Einst stand an dieser Stelle eine maurische Moschee, bevor hier 1227–1493 eine der bedeutendsten Kathedralen Spaniens im gotischen Stil erbaut wurde.

Von dem 90 m hohen Nordturm, 1380–1440 erbaut, genießt man eine weite Aussicht auf die Stadt. Hier ist auch die 1753 gegossene und 17 515 kg schwere Glocke, die **Campana Gorda**, zu sehen. Die Hauptfassade, 1418–1450 errichtet, wird von drei gotischen Portalen, die mit Skulpturen und Reliefschmuck verziert sind,

dominiert. Die über 100 m lange Kirche mit ihren 88 Bündelpfeilern hat eine beeindruckende Wirkung auf den Betrachter. Der Altar aus dem Jahre 1504 ist aus vergoldetem Lärchenholz gefertigt und mit biblischen Szenen bemalt. Unter dem Nordturm ruht der Domschatz (**Tesoro mayor**), der besichtigt werden kann. Die **Kaiserorgel**, im Jahre 1594 erbaut, befindet sich im rechten Seitenschiff und ist, aufgrund ihres steinernen Resonanzbodens, wegen ihres einmaligen Klangvolumens berühmt.

Der höchste Punkt der Stadt wird von dem mächtigen **Alcázar** dominiert. **Westgoten**, **Römer** und **Mauren** waren die Burgbesitzer. Zu Beginn des Bürgerkriegs verschanzten sich francotreue Soldaten gegen die Truppen der Republikaner hinter der Burgmauer. Jetzt beherbergt das Kastell eine Waffen- und Uniformsammlung (Di-Sa 9.30-13.30 Uhr und 16-17.30, So 10-13 Uhr und 16-17.30 Uhr).

Das **Museo de Santa Cruz** im Hospitalgebäude zeigt sehenswerte archäologische Funde aus **prähistorischer**, **römischer** und **westgotischer** Zeit. Auch das Gemälde „**Gefesselter Christus**" von **Moralez**, eine **Kreuzigungsszene** von **Goya** und das berühmte **El-Greco**-Werk „**Mariä Himmelfahrt**" sind hier zu bewundern.

Gleich in der Nähe befindet sich die **Puente de Alcántara**, die wagemutig

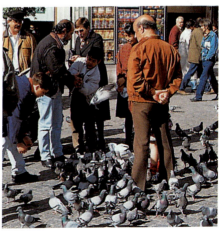

Taubenschwärme beleben die Innenstadt

Toledo

über den tief geschnittenen **Rio Tajo** verläuft. Das Bauwerk, dessen ursprüngliche Fassung noch aus **römischer** Zeit stammt, wurde im 13. und 14. Jahrhundert in seine jetzige Form gebracht. Von dieser Brücke aus erhält man einen Eindruck, wie steil sich die Stadt den Berg emporstreckt.

Die **Plaza de Zocodover** stellt den eigentlichen kulturellen Mittelpunkt von Toledo dar. Dort, wo früher der Viehmarkt abgehalten wurde, herrscht heute reges Stadttreiben. Gleich beim zweitürmigen Torbau **Puerta del Sol** aus dem 14. Jh., ganz im **Mudejarstil** errichtet, steht die kleine ehemalige Moschee **Ermita Santo Cristo de la Luz**, die im 10. Jh. erbaut wurde. Obwohl nur 8 x 8 m groß, vereint das Gotteshaus die verschiedensten Stilrichtungen. Die neun Kuppeln stammen aus maurischer Zeit, die Säulen tragen westgotische Stilelemente, der Chor ist ein Werk der frühchristlichen Epoche und die Wandmalereien zeigen romanischen Charakter. Vielleicht das bedeutendste Bild von El Greco hängt in der Kirche **Santo Tomé** (täglich 10-14 Uhr und 15.30-17.30 Uhr, im Sommer bis 18.30 Uhr): das „**Begräbnis des Grafen Orgaz**". In dem 1586 gemalten Werk werden die Heiligen **Augustinus** und **Stephanus** gezeigt, wie sie den 1323 verstorbenen Grafen persönlich ins Paradies geleiten. Die Kirche, die ursprünglich eine Moschee war, erhielt ihr jetziges Äußeres im 14. Jh. Auftraggeber des großen Umbaus war der **Graf von Orgaz**, der das Gotteshaus mit gotischen Stilelementen ausstatten ließ. Der Turm im Mudejarstil gilt als eines der schönsten Beispiele dieser Bauweise.

In der **Calle Samuel Leví** befindet sich das ehe-

malige Wohnhaus des Künstlers **El Greco**, der hier lebte und 1614 starb. Heute ist in dem 1906 renovierten Gebäude das El-Greco-Museum untergebracht (Di-Sa 10- 13.30 Uhr und 16-17.30 Uhr, So 10-14 Uhr). Im Nebengebäude zeigt das 1910 eröffnete **Museo El Greco** (Öffnungszeiten wie Hauptgebäude) Originalgemälde des Meisters.

Die **Sinagoga del Tránsito** (Synagoge) nahe dem **El-Greco-Haus** war das erste jüdische Gotteshaus der Stadt. 1366 erbaut, wurde es 1492 nach der **Judenvertreibung** Eigentum der christlichen Kirche. Der Innenraum der einschiffigen Kirche ist ein Paradebeispiel für den prächtigen **Mudejarstil**. Dem Gebäude angeschlossen ist das jüdische Museo Sefardí (Di- Sa 10-13.30 Uhr und 16-17.30 Uhr, So 10-13.30 Uhr). Gezeigt wird Sehens- und Wissenswertes über die jüdische Geschichte und Kultur in Spanien.

Nahe der Kirche **Santiago del Arrabal** findet man in der Stadtmauer das Stadttor **Puerta Vieja de Bisagra**. Der Durchgang hat die Form eines Hufeisenbogens. Das Stadttor wurde im maurischen Stil im 9. Jh. errichtet. Die Legende erzählt, dass 1085 **Alfons VI.** durch dieses Tor nach Toledo einzog.

Velasquez

Geschichte

Paläolithikum Wie Werkzeugfunde aus dem Gebiet des heutigen Madrid beweisen, ist die Gegend schon zu dieser Zeit besiedelt.

um 400 n. Chr. Die Westgoten besetzen die damalige Siedlung.

900 Emir Mohammed I. baut die befestigte Stadt Magerit mit der riesigen Burganlage.

939 König Alfons VI. erobert Magerit von den Arabern zurück. Die Stadt wird wieder christlich.

1329 In Madrid tagt zum ersten Mal unter der Leitung von Ferdinand IV. von Kastilien die „Cortes", die Ständeversammlung.

1474–1504 Die „Katholischen Könige", Isabella I. und Ferdinand V., regieren die Stadt und ordnen die Verfolgung Andersgläubiger an.

1522 Unter dem Habsburger Karl I. erhält Madrid den Titel „Kaiserliche und Gekrönte Stadt".

1759–88 König Karl III., der als „erster und bester Bürgermeister von Madrid" in die Stadtgeschichte einging, lässt ein Kanalisationssystem erbauen, die Straßen pflastern, Straßenbeleuchtungen installieren und Nachtwächter beschäftigen. Während dieser Zeit entstehen zahlreiche Prachtbauten der Stadt.

2. Mai 1808 Französische Truppen unter Napoleon besetzen Spanien. Die Einwohner Madrids reagieren mit einem Aufstand. Viele der Aufständischen werden daraufhin am nächsten Tag erschossen.

1808–13 Der Bruder Napoleons, Joseph I. Bonaparte, wird König.

1812 Die erste liberale Verfassung Spaniens tritt in Cadiz in Kraft.

1813–33 Ferdinand VII. übernimmt die Herrschaft des Landes. Spanien fällt in seiner Entwicklung wieder ins 18. Jh. zurück, die erste Verfassung wird für ungültig erklärt, die Inquisition wieder eingeführt und alle Universitäten geschlossen.

1833–68 Eine neue Verfassung, die sich an der früheren orientiert, wird eingeführt. Nach dem Tod Ferdinands VII. übernimmt seine Tochter Isabella II. den Thron.

1851 Einweihung der Eisenbahnstrecke Madrid-Aranjuez.

1858 Die Erste Spanische Republik wird ausgerufen.

1874-85 Isabellas Sohn Alfons XII. übernimmt nach einem Militärputsch die Macht.

1910 Alfons XIII. erteilt den Auftrag für die Erbauung der Gran Vía.

14. April 1931 Nachdem Alfons XIII. ins Exil geschickt wurde, ruft man die Zweite Republik aus.

1931–34 Letzter Bauabschnitt der Gran Vía.

18. Juli 1936 General Francisco Franco bringt durch Ausrufung einer Diktatur das Land in eine Isolation.

1939-75 Die Großindustrie im Madrider Raum expandiert und eine allgemeine Landflucht führt zu einem explosionsartigen Anwachsen der Hauptstadt auf etwa 4 Millionen Einwohner.

23. Nov. 1975 General Franco stirbt, eine parlamentarisch-demokratische Monarchie unter der Leitung von König Juan Carlos von Bourbon wird eingeführt.

15. Juni 1977 Zum ersten Mal finden freie demokratische Wahlen statt.

23. Feb. 1981 Der Putschversuch der Angehörigen der Guardia Civil im Parlament wird erfolgreich niedergeschlagen.

1992 Die europäische Kulturhauptstadt Madrid feiert, wie das ganze Land, den 500. Geburtstag der Entdeckung Amerikas durch Kolumbus.

Skulpturen auf der Plaza dos de Mayo

Aktive Hilfe

Wer mit einem sicheren Gefühl auf die Reise gehen will, der sollte rechtzeitig vor dem Reiseantritt dafür sorgen, dass ihm im Notfall aktiv geholfen werden kann. Auch eine stressfreie Vorbereitung sorgt für gute Vorzeichen auf der Reise. Am besten eignet sich dafür ein Schutzbrief, wie ihn die D. A. S. sehr günstig anbietet. Der D.A.S. Sicherheitsbrief beinhaltet umfassende Leistungen rund um die versicherten Personen (Single- oder Familien-Sicherheitsbrief) und die benutzten Fahrzeuge. Ob man unterwegs krank wird, einen Unfall erleidet oder wichtige Gegenstände verliert, ob das Fahrzeug streikt oder der Fahrer ausfällt: Der Sicherheitsbrief ist ein wichtiger Reisebegleiter. Man sollte ihn auch auf kürzeren Reisen und nicht weit entfernten Zielen unbedingt dabei haben. Wichtig ist auch, dass die Hilfe im Notfall aktiv, mit kompetenten Partnern vor Ort und rund um die Uhr erfolgt. Und: Im D.A.S. Sicherheitsbrief gibt es jetzt einen Notruf zum Nulltarif.

Anreise

Von allen europäischen Großstädten besteht die Möglichkeit, mit dem Flugzeug den etwas außerhalb gelegenen Flughafen Barajas zu erreichen. Dort angekommen, gelangt man schnell mit den ständig verkehrenden Transferbussen ins Zentrum von Madrid. Reist man mit der Eisenbahn an, wählt man, je nach Abreiseort, die Strecke über Paris oder Südfrankreich. Bei einer Anreise mit dem Auto ist zu bedenken, dass sowohl in Frankreich als auch in Spanien die Autobahnen gebührenpflichtig sind.

Angesichts einer meist mehrtägigen Anreise mit dem eigenen Fahrzeug, bei der auch Übernachtungskosten zu Buche schlagen, sollte man überlegen, ob eine Anreise mit dem Flugzeug und ein Leihwagen nicht die interessantere Möglichkeit vor Ort darstellt.

Apotheken

Ein grünes Kreuz auf weißem Grund weist auf eine Apotheke („Farmacia") hin. An jeder Apotheke gibt es einen Aushang, der darüber informiert, welche Farmacias außerhalb der üblichen Öffnungszeiten Notdienst haben. Diese Adressen sind auch in den Tageszeitungen zu finden. Normale Öffnungszeiten sind: Mo- Fr 9.30-13.30 Uhr, 17-20 Uhr, Sa 10-13.30 Uhr.

Ärztliche Hilfe

Falls man krank wird und der Landessprache nicht mächtig ist, erhält man über die jeweiligen Botschaften Adressen von deutschsprachigen Ärzten. Die Arztbehandlung ist in bar zu bezahlen. Daher sollte man sich eine Rechnung geben lassen, auf der die genaue Diagnose und die Behandlung bescheinigt werden. Diese reicht man bei seiner Krankenkasse ein und erhält im Allgemeinen den Betrag zurück.

Telefonnummern für den Notfall:
Notarzt: Telefon 061

Cruz Roja: Tel. 7 35 01 95

Servicio de Información Toxocológica (bei Vergiftungen): Tel. 4 70 06 02

Kinderklinik Infantil: Tel. 5 19 55 68

Folgende Krankenhäuser sind zu empfehlen:

Clinica La Paz, Paseo de la Castellana 261, Telefon 7 34 35 00 und 7 34 26 00

Hospital Provincial, Calle Doctor Esquerdo 46, Tel. 5 86 80 00

Centro Especial Ramón y Cajal, Carretera de Lomenar, Telefon 7 29 00 00

Hospital de la Cruz Roja, Avenida Reina Victoria 24, Telefon 5 35 25 60

Portal

Praktische Tipps

Auskunft

Deutschland

Spanisches Fremdenverkehrsamt
Kurfürstendamm 180
10707 Berlin
Telefon 0 30/8 82 65 43
Fax 0 30/8 82 66 61

Spanisches Fremdenverkehrsamt
Grafenberger Allee 100
„Kutscherhaus"
40237 Düsseldorf
Telefon (02 11) 6 80 39 80,
Fax: (02 11) 6 80 39 85-86

Spanisches Fremdenverkehrsamt
Myliusstr. 14
D-60323 Frankfurt
Telefon 0 69/72 50 33
Fax: (0 69) 72 53 13

Spanisches Fremdenverkehrsamt München
Schubertstr. 10
80336 München
Telefon (0 89) 5 38 90 75
und 5 38 90 76
Fax (0 89) 5 32 86 80

Österreich

Spanisches Fremdenverkehrsamt
Rotenturmstr. 27
A-1010 Wien
Telefon 01/5 35 31 91
und 5 33 14 25

Spanisches Fremdenverkehrsamt
Mühlerstraße 7
1010 Wien 1
Telefon (01) 5 12 95 80
Fax (01) 5 12 95 81

Schweiz

Spanisches Fremdenverkehrsamt
Seefeldstr. 19
CH-8008 Zürich
Telefon 01/2 52 79 31
Fax: (01) 2 52 62 04

Madrid

Telefon Información Turística TURESPAÑA
Telefon (901) 30 06 00

Büro der Stadtverwaltung
Información Turística
Plaza Mayor, 3
Telefon (91) 3 66 54 77

Touristeninformation der Autonomiegemeinschaft Madrid
Torre de Madrid
Calle Princesa, 1
Telefon (91) 5 41 23 25
und Calle Duque de Medinacli, 2
Telefon (91) 4 29 49 51

Städtisches Tourismuspatronat/Kongressbüro
Calle Mayor, 69
Telefon (91) 3 66 48 64

Paradores de España
Reservierungszentrale
Requena, 3
28013 Madrid
Telefon (91) 5 16 66 66

Oficina Municipal
Plaza Mayor 3
Telefon 2 66 54 77
Oficinas de Turismo

Tourismusbüro des Flughafens Barajas
Telefon: (91) 30 58 65 6
Plaza de Espana, Torre de Madrid, Tel. 2 41 23 25

Autofahren

Wer in die spanische Metropole mit dem Auto fährt, braucht sich über nichts zu wundern und sollte die allgemeingültigen Verkehrsregeln schnellstmöglich vergessen, denn in Madrid gelten eigene Gesetze. Wer am besten drängelt, kommt am schnellsten ans Ziel. Der Stau gehört zum Madrider Stadtbild genauso wie die Gran Vía. Parken in der zweiten, oft auch dritten Reihe ist nichts Ungewöhnliches. Wehe dem, der sein Auto ordnungsgemäß in der ersten Reihe abgestellt hat! Wer bei Gelb an der Ampel gleich anhält, muss sich nicht wundern, wenn der Hintermann ans Auto stößt, denn gebremst wird erst bei rot. Wartet man beim Einbiegen aus einer Nebenstraße darauf, dass ein höflicher Zeitgenosse Platz macht, dann kann das lange dauern. Auch hier hilft nur Drängeln, und zwar entschlossen und schnell.

Beim Verlassen des Autos sollten alle Wertgegenstände aus dem Pkw mitgenommen werden, auch, wenn möglich, das Autoradio. Diebstahlgefahr!

Autohilfe

Ähnlich wie in Deutschland sind auch die spanischen Autobahnen in regelmäßigen Abständen mit Notrufsäulen bestückt. Folgende Adressen und Telefonnummern helfen weiter:

Nationale Polizei:
Telefon 091

Städtische Polizei:
Telefon 092

Verkehrspolizei der Guardia Civil:
Telefon (91) 4 57 77 00

Real Automóbil Club de Espana (R.A.C.E.)
Calle JosU Abascal 10
Telefon 4 47 32 00

Autoclub Turistico Espanol (ATE)
Calle Arenas y Navarro 2
Telefon 2 07 11 76

ADAC-Notrufstation in Madrid: Telefon 5 93 00 41

Städtischer Abschleppdienst: Telefon: 092

Bahnhöfe

Die zwei wichtigsten Bahnhöfe heißen:

Estación Chamartin
Calle Augustín de Foxá
Dieser Bahnhof spielt im internationalen Zugverkehr und in Richtung spanischer Norden eine wichtige Rolle.

Estación Chamartín
Der Bahnhof befindet sich im Norden der Stadt.
Estación Chamartín
Calle Agustín de Foxá
Telefon (91) 3 23 15 15
und (91) 3 23 21 21

Verbindungen nach Albacete, Alicante, Barcelona, Bilbao, Cádiz, Cartagena, Córdoba, Irún, Málaga, Santander, Sevilla, Soria, Zaragoza sowie nach Frankreich.

Estación Atocha: Von hier aus gelangt man in den Süden des Landes.

Estación Príncipe Pío oder Norte Plaza de la Florida. Von hier aus bestehen Verbindungen in den Nordwesten des Landes. Der Bahnhof befindet sich im Süden der Stadt.

Estación Atocha
Avenida Ciudad de Barcelona, Telefon (91) 5 27 31 60

Zugverbindungen von und nach Andalusien, Extremadura und Portugal. Start und Ziel des Hochgeschwindigkeitszuges AVE und gegenwärtig Ausgangspunkt für den Nahverkehr der Landeshauptstadt. U-Bahnverbindung zum Bahnhof Chamartín.
Der Hochgeschwindigkeitszug AVE legt die Strecke Madrid-Sevilla in zweieinhalb Stunden zurück. Er hält in Córdoba und Ciudad Real.
AVE-Information: Telefon (91) 3 28 90 20

Banken

Die Banken sind Mo-Fr von 8.30-14 Uhr geöffnet. Dieselben Öffnungs-

zeiten gelten von Oktober bis April auch Sa. Außerhalb dieser Zeiten besteht am Flughafen, in einigen Bahnhöfen und in den Wechselstuben oder in großen Hotels die Möglichkeit des Geldumtausches. Löst man einen Euroscheck ein, so muss man außer der Scheckkarte auch noch seinen Ausweis vorlegen. Völlig unkompliziert und zeitlich unabhängig erhält man sein Geld mit der Euroscheck- und den gängigen Kreditkarten (Achtung: Geheimnummer erforderlich) an den vielen Geldautomaten (Cajero automatico), die über die ganze Stadt verteilt sind.

Camping

Die drei Campingplätze Madrids sind das ganze Jahr über geöffnet, während der Hauptreisesaison aber meistens belegt. Daher empfiehlt sich unbedingt eine vorherige Reservierung.
Camping Arco Iris, Carretera Villaviciosa de Odón-Boadilla del Monte, km 2-La Veguilla, Telefon: (91) 6 16 03 87, Kapazität: 800 Personen
Camping Osuna, Avenida de Logroño, s/n – Alameda de Osuna, Telefon (91) 7 41 05 10, Kapazität: 360 Personen

Diplomatische Vertretung

Deutsche Botschaft
Calle Fortuny 8

E-28010 Madrid
Telefon 3 19 91 00

Österreichische Botschaft
Paseo de la Castellana 91
E-28016 Madrid
Telefon 5 56 53 15

Schweizer Botschaft
Edificio Goya
Calle Nunez de Balbao 35
E-28001 Madrid
Telefon 4 31 34 00

Essen und Trinken

Wie in vielen südlichen Ländern fällt auch in Spanien das Frühstück sehr bescheiden aus. Man trinkt in einer kleinen Bar auf dem Weg zur Arbeit einen Kaffee und isst dazu ein Churros (fritiertes Gebäck aus Brandteig). In vielen Hotels der Stadt bekommt man natürlich das gewohnte Frühstück serviert. Das Mittag- und Abendessen besteht aus warmen Gerichten. Das wichtigste Ereignis des Tages ist das zu Hause stattfindende Abendessen im Kreise der Familie oder das Abendmenü mit Freunden in einem Restaurant.

Als Vorspeise isst man sehr gerne Gazpacho, eine kalt servierte Tomatensuppe mit viel Knoblauch. Von dieser Delikatesse gibt es unzählige Varianten. Sehr beliebt bei den Einheimischen sind die Callos (Kutteln), in diversen Zubereitungen. Gerne isst man auch den Cocido, einen Eintopf

mit Fleisch, Wurst, Speck und viel Gemüse. Fisch zählt zu den meistbestellten Gerichten. Als Nachspeise gibt es oft Flan (Pudding mit Karamelsauce) oder Eistorte.

Das Hauptgetränk der Madrilenen ist Bier (Cerveza). Die berühmteste Weinsorte ist ohne Frage der Rioja (z. B. Marqués de Cáceres, als Aperitif empfiehlt sich Sherry (jerez) aus Andalusien. Als „bester" spanischer Wein gilt der „Vega Sicilia" aus dem Anbaugebiet Ribera del Duero.

Feiertage

24. Juni:
San Juan (Namenstag des Königs)

6. Dezember:
Día de la Constitución (Tag der Verfassung)

Feste

In der pulsierenden Stadt Madrid werden die Feste gefeiert, wie sie fallen. Die wichtigsten davon:

17. Januar:
San Antón: Fest zu Ehren des Schutzpatrons im Stadtteil Hortaleza

25. April-4. Mai:
Fest der Nuestra Senora de Valverde im Stadtteil Fuencarral

2. Mai:
Die Fiesta del Dos de Mayo erinnert an den Unab-

hängigkeitskrieg von 1808

1.-14. Mai:
Fiesta de la Primavera, das Frühlingsfest, im Stadtteil Hortaleza

8.-15. Mai:
Diverse festliche Aktivitäten zu Ehren des Schutzpatrons der Stadt, dem hl. Isideo

9.-13. Juni:
Fest des San Antonio de la Florida im Stadtteil Moncloa

6.-15. August:
Die sehr traditionsreichen Feiern, die Fiesta de San Cayetano und San Lorenzo y La Paloma werden ausgiebig in den Stadtvierteln Lavapiés und Rastro gefeiert

1.-14. September:
Im Stadtteil Barrio de Goya finden Festivitäten statt

3.-11. September:
Seit ca. 200 Jahren wird im Stadtteil Arganzuela das traditionelle Fest, die Fiesta de la Melonera, veranstaltet

12. Oktober:
Am Día de la Hispanidad wird die Entdeckung Amerikas begangen

Dezember:
Auf der Plaza Mayor findet ein wunderschöner Weihnachtsmarkt statt.

Retiro

Praktische Tipps

Flamenco

Nicht erst seit Carlos Sauras Film „Carmen" ist der Flamenco in Spanien und dem Rest der Welt wieder populär. Eigentlich kommt dieser Tanz aus Andalusien. Aber wie in vielen anderen Metropolen Europas setzte die industrielle Revolution auch in Spanien im Zentrum des Landes ein und schwemmte mit ihrem immensen Arbeitskräftebedarf zahlose verarmte Landbewohner, u.a. aus Andalusien, in die Stadt. Die Menschen brachten ihre Sitten und Bräuche aus der Heimat mit und so kam der Flamenco nach Madrid.

Eine kleine Auswahl an Flamenco-Lokalen:

Las Carboneras: Pza. Conde de Miranda, 1, Tel. (91) 5 42 86 77, Restaurant mmit Flamenco-Show, Mo-Sa geöffnet ab 20.30 Uhr, So geschlossen.
Corral de la Morería: Morería, 17 (in unmittelbarer Nähe des Viaductos) Metro-Station: Opera und La Latina, Tel. (91) 3 65 84 46 und (91) 3 65 11 37, Restaurant mit Flamenco-Show, täglich geöffnet von 21.30-2 Uhr. Flamenco-Show um 22.45 Uhr.
La Solea: Cava Baja, 27 (La Latina), Ambiente Flamenco, Mo-Sa geöffnet von 20.30-2 Uhr. So geschlossen.

Hotels

Die spanischen Hotels sind in fünf Kategorien eingeteilt. Luxushotels tragen fünf Sterne und einfache Pensionen einen Stern. Der Preis richtet sich unter anderem nach der Ausstattung der Zimmer. Hotelinformation und Zimmerreservierung Tel. 902 20 22 02.

Reservierungszentrale der Paradores-Kette: Calle Requena, 3, 28013 Madrid, Tel. (91) 5 16 66 66, Fax (91) 5 16 66 57.

Jugendherbergen

Da Madrid nur zwei Jugendherbergen besitzt, ist es ratsam, in der Hauptsaison vorzureservieren.

Allgemeine Auskunft über die Jugendherbergen mit Platzreservierung unter der Tel. (91) 5 21 44 27
Albergue juvenil Richard Schirman
Casa de Campo
Telefon 4 63 56 99
U-Bahn-Station: Lago.
Albergue juvenil Santa Cruz de Marcenado, Calle Santa Cruz de Marcenado 28, Telefon 2 47 45 32.

Kino

Aus den vielen Kinos in Madrid ist besonders das Alphaville in der Calle Martín de los Heros hervorzuheben. Diesem Kinokomplex kommt der Verdienst zugute, als erstes die Werke internationaler Filmemacher wie Wenders oder Rohmer in Spanien gezeigt zu haben. Es hat somit maßgebenden Einfluss auf einheimische Filmemacher ausgeübt. Auch heute noch kann man hier niveauvolle Filme in der Originalversion sehen.
Martín de los Heros, 14, Metro-Stationen: Ventura Rodríguez und Plaza España, Telefon (91) 5 59 38 36

Klima

Da Madrid die höchstgelegene europäische Hauptstadt ist, herrschen hier heiße Sommer, während der Winter sich unerwartet kalt zeigt. Da jedoch die Luftfeuchtigkeit gering ist, lassen sich die hohen Sommertemperaturen gut ertragen. Der Winter ist geprägt von häufigen Regenfällen. Frühjahr und Herbst verlaufen meist ziemlich kurz.

Kunst und Kultur

Schauspiel
Für den fremden Besucher ist es natürlich nicht leicht, sich an der spanischen Theaterkunst zu erfreuen. Selbst wenn er des Spanischen mächtig wäre, müsste er den Zeitgeist und die Mentalität der Madrilenen kennen, um sich amüsieren zu können. Dies gilt besonders für die beliebten Boulevardtheater, die

sog. vodeviles, in denen sich die Mittel- und Unterschicht bei leichter Unterhaltung vergnügt.
Aber es wird auch Anspruchsvolles geboten und hier kann es durchaus interessant werden. Hervorzuheben ist hier insbesondere die Compañía Nacional del Teatro, ein erst 1985 gegründetes Ensemble, das sich ausschließlich auf Stücke klassischer spanischer Autoren wie Cervantes oder Calderón spezialisiert hat. Der große Erfolg dieser Truppe gründet sich u.a. in modernen und frechen Inszenierungen. Die Aufführungen finden ausschließlich im Teatro de la Comedia, Príncipe, 14 (Metro-Station: Sevilla), Tel. (91) 5 21 49 31statt.

Leihwagen

Der Preiskrieg zwischen den Mietwagenfirmen in Madrid tobt. Daher ist es empfehlenswert, sich sowohl von internationalen als auch von nationalen Autovermietern Angebote einzuholen. Auch empfiehlt es sich, neben der im Preis meist enthaltenen Haftpflicht extra noch eine Vollkasko- und Insassenversicherung abzuschließen.
Avis
Joaquín Bau, 2
Telefon 2 05 42 73
Europcar
Orense 29
Telefon (91) 5 55 98 86
Hertz

Gran Via, 88 (Ed. España)
Telefon 5 41 99 24.

Post

Wer seine Ansichtskarte den Lieben nach Hause schickt, muss, obwohl alle Post per Flugzeug befördert wird, mit einer Dauer von acht bis vierzehn Tagen rechnen. Die Briefmarken (Sellos) erhält man in allen Postämtern, aber auch in den Tabakgeschäften (Estancos), die wesentlich längere und flexiblere Öffnungszeiten haben. Diese Läden sind durch ein stilisiertes gelbes Tabakblatt und einem T gekennzeichnet. Auslandspost wirft man in die Briefkästen mit der Aufschrift "Extanjero" (Ausland). Zentrales Post- und Telegrafenamt, Plaza de Cibeles, Telefon (902) 19 71 97, geöffnet von 8-24Uhr. Jeder Stadtdistrikt hat Postämter.

Stadtrundfahrten

Am schnellsten lernt man die Sehenswürdigkeiten von Madrid bei einer Busrundfahrt kennen. Das Angebot für derartige Exkursionen ist sehr groß. Die Touren stehen oft unter einem bestimmten Motto, wie "Madrid in einer Stunde", "Madrid bei Nacht" oder "Madrid für Anfänger". Auskünfte erteilen im übrigen das Fremdenverkehrsamt sowie die meisten Rezeptionen der Hotels.

Taxis

Die Taxis der Stadt zeigen an der vorderen und hinteren Stoßstange die Buchstaben SP (Servicio Publico), auf den hinteren Türen den Madrider Bären und sind zudem an den roten Seitenschrägstreifen zu erkennen. Die Aufschrift "libre" (frei) und ein grünes Licht auf dem Autodach zeigen an, dass das Taxi frei ist. Im Wageninneren muss an der Scheibe ein Aufkleber mit den gültigen Tarifen befestigt sein.

Telefonieren

Überall in der Stadt verteilt findet man öffentliche Telefonzellen, von denen man ins Ausland telefonieren kann. Die öffentlichen Telefone funktionieren mit Münzen und Wertkarten der Telefónica, die man in den Tabakläden kaufen kann.Die Telefongesellschaft Telefónica hat etliche Telefonämter errichtet, die mit einem großen grünen T gekennzeichnet sind und oft bis in die Nacht geöffnet haben.

Von Deutschland, Österreich und der Schweiz nach Spanien: Telefon 0034
Von Spanien nach Deutschland: Telefon 0749
Von Spanien in die Schweiz: Telefon 0741
Von Spanien nach Österreich: Telefon 0743

Impressum

Alle Angaben wurden sorgfältig recherchiert und mehrfach überprüft. Dennoch kann eine Haftung für Änderungen und Abweichungen nicht übernommen werden. Die Colibri-Redaktion freut sich auf Berichtigungen und ergänzende Anregungen, oder schreiben Sie auch, wenn Ihnen etwas besonders gut gefallen hat:

Compact Verlag
Colibri-Redaktion
Züricher Straße 29
81476 München

© Compact Verlag München
Chefredaktion: Ilse Hell
Redaktion: Isabel Liebers
Redaktionsassistenz: Biljana Temkova, Mira Hübel, Stefanie Schuhmacher
Produktion: Martina Baur
Umschlaggestaltung: Inga Koch
Karten: Oberländer, München
Symbole: Sabine Wittmann

ISBN 3-8174-4453-2
4444532

Besuchen Sie uns im Internet
www.compactverlag.de

Bildnachweis:

Agentur Hundertprozent (S. 40, 42, 43)

Edition Vasco (S. 18, 21, 33, 36, 47, 49, 50, 63, 71, 81, 83)

R. Gössnitzer (S. 11, 24, 46)

W. Grabinger (S. 52, 57, 74, 75, 76, 78, 79, 80, 82)

M. Radkai (S. 6, 7, 8, 9, 10, 12, 13, 14, 16, 17, 19, 20, 26, 27, 28, 29, 30, 31, 32, 34, 35, 37, 39, 41, 44, 45, 51, 54, 56, 60, 61, 62, 65, 68, 69, 70, 72, 73, 77, 85, 86, 91)

K. Thiele (S. 15, 25, 53, 55, 64)

Titelbild: Palastwache (IFA-Bilderteam)

Stichwortverzeichnis